国际政府采购规则新趋势

姜爱华　编著

中国财经出版传媒集团

经济科学出版社

Economic Science Press

图书在版编目（CIP）数据

国际政府采购规则新趋势／姜爱华编著．
—北京：经济科学出版社，2018.4
ISBN 978 - 7 - 5141 - 9239 - 1

Ⅰ.①国…　Ⅱ.①姜…　Ⅲ.①政府采购制
度－世界　Ⅳ.①F811.2

中国版本图书馆 CIP 数据核字（2018）第 081455 号

责任编辑：凌　敏　程辛宁
责任校对：刘　昕
责任印制：李　鹏

国际政府采购规则新趋势

姜爱华　编著

经济科学出版社出版、发行　新华书店经销
社址：北京市海淀区阜成路甲 28 号　邮编：100142
教材分社电话：010 - 88191343　发行部电话：010 - 88191522
网址：www. esp. com. cn
电子邮件：lingmin@ esp. com. cn
天猫网店：经济科学出版社旗舰店
网址：http：//jjkxcbs. tmall. com
北京密兴印刷有限公司印装
710 × 1000　16 开　15 印张　240000 字
2018 年 6 月第 1 版　2018 年 6 月第 1 次印刷
ISBN 978 - 7 - 5141 - 9239 - 1　定价：58. 00 元
（图书出现印装问题，本社负责调换。电话：010 - 88191510）
（版权所有　侵权必究　举报电话：010 - 88191586
电子邮箱：dbts@esp. com. cn）

前　言

联合国《公共采购示范法》、WTO《政府采购协议》、欧盟"公共采购指令"体系以及世界银行"采购规则"是公认的四大国际政府采购规则。2011 年以来这些国际政府采购规则开启了新一轮的修订浪潮，本书旨在详细对比新一轮国际政府采购规则与其前一版本之间的差异，并选取了一些典型国家，观察其政府采购规则在这一时期的变化，从而总结出国际政府采购规则发展新趋势，为完善我国政府采购制度提供借鉴。

新一轮政府采购规则修订，始于联合国。在 2011 年联合国贸易法委员会第四十四届会议上，审议通过了《贸易法委员会公共采购示范法》（以下简称《公共采购示范法》），与之相配套的《颁布指南》在 2012 年贸易法委员会第四十五届会议上审议颁布。新版联合国《公共采购示范法》是对 1994 年贸易法委员会通过的《贸易法委员会货物、工程和服务采购示范法》（以下简称"1994 年《示范法》"）的修订和更名，生效于 2011 年 10 月 24 日。此次修订主要是将各国新的实践，特别是在公共采购中使用电子通信手段以及基于 1994 年版本使用中获得经验写入其中。与 1994 年《示范法》相比较，此次修订的篇幅较大，主要是对条文的增补和增编，其中增加的两章是"电子逆向拍卖"和"框架程序协议",都是公共采购的新方法。在其他章节中,针对电子逆向采购和框架程序协议的修订也很多,例如,第一章第2条新增的定义、第一章第25条增加了两点涉及电子逆向拍卖和框架协议程序的记录规定。其他新增或修改的条款,主要包括评审标准和程序的规则、采购估值的规则、招标程序、邀请建议书等。《公共采购示范法》此次修订体现了以下主要趋势:一是更加重视政府采购政策功能的发挥,增加了对社会经济政策、国内公共产品提供的考虑;二是当事人权利和义务更加清晰化,在资格预审、投标邀请书、招标公告、开标评标等各个方面都明确了采购主体、供应商或承包商各自的权利和义务;三是进一步规范了公共采购过程,对于评审标准和程序、资格预审文件和程序、接受中选提交书和采购合同生效、每种采购方法的使用条件、每种采购方法的邀请等内容,都分类别进行了汇总;四是新增了两种采购方法,即电子逆向拍卖和框架程序协议,适应了互联网下政府采购发展需要以及政府采购自身效率提升的需要;五是更加强调了公开透明采购规则,并将其贯彻在采购的全过程之中;六是设立了"异常低价提交书"否决机制,这本身也是政府采购物有所值原则的贯彻。

在联合国修订政府采购规则之后,WTO紧随其后。2012年3月,世界贸易组织政府采购委员会召开会议,颁发了《政府采购协议》(GPA)的新文本。2012版GPA对原有GPA文本进行了简化与优化,并在市场准入上进一步扩大了采购实体的覆盖范围,囊括了从部级到其他专门机构的更多政府部门,以及新的服务和其他公共采购活动。要求成员方的采购制度要有一定的透明度,遵循公开、公平、公正的原则,消除贸易壁垒,不应过分保护本国产业,使得外国供应商不能与本国企业公平竞争，应该给外国供应商一定的国民待遇，在某些领域上享有与本国企业同等的权利，消除歧视，促进政府采购市场的开放，为建立监督、磋商和争端解决政府采购贸易的国际程序提供了保障。新版 GPA 强调对电子采购工具的使用，要求吸收电子通信和电子技术在政府采购领域的应用经验，新增了"电子拍卖"的采购方式。新版 GPA 充分反映了全球经济、社会管理和科技进步对政府采购的影响，更加全面地完善了 GPA 的功能和作用，它不仅是 GPA 参加方必须严格遵循的行为准则，而且影响并牵引着全球政府采购的发展走势。2012 版的 GPA 已于 2014 年 4 月 6 日开始正式生效。新版本体现了如下变化趋势：一是更加注重预防采购中的腐败行为的发生，注重公平竞争采购机制的建立，新版 GPA 将政府采购过程中避免利益冲突和打击腐败行为纳入到了序言中，同时各条款更注重对公开透明制度的要求；二是强调电子采购技术的应用，序言中提出鼓励采购实体采用电子采购程序，同时增加第 14 条电子反拍的采购方式，并规定，"意向采购公告""摘要公告""计划采购公告"可用电子化方式发布；三是增加了对"异常低价投标"的审查，规定在合同授予阶段，对于价格异常低于其他投标价格的投标，采购实体可以对供应商是否符合参加条件和是否具备履行合同条款的能力进行审查；四是设立"供应商常用清单"以提高采购效率；五是鼓励发展中国家加入 GPA 协定，新版 GPA 中为发展中国家提供了更多优惠性措施，扩大并澄清了发展中国家可以实行的过渡期措施，有利于打破长期以来 GPA "富人俱乐部"之嫌。

　　2011 年 12 月，欧盟委员会提出了对欧盟公共采购指令进行修订的议案。该议案包括以下两个方面的内容：一是对 2004/17/EC 指令和 2004/18/EC 指令进行修订；二是制定关于特许经营合同授予的新指令。2014 年 3 月 28 日，《欧盟官方公报》（*Official Journal of the European Union*）正式公布了这些新公共采购指令体系：指令 2014/23/EC（即《2014 特许经营指令》）、指令 2014/24/EC（即《2014 公共部门采购指令》和指令 2014/25/EC（即《2014 公用事业采购指令》）。新公共采购指令体系已于正式公布之后的第 20 日，即 2014 年 4 月 17 日生效。至生效之后的 24 个月内，成员国应当制定或者修订其法律、法规以及行政规章使其与欧盟公共采购指令的规定相一致。为了完全实施电子采购方面的规定，成员国可以将实施期限再延长 30 个月。相较于《2004 欧盟公共部门采购指令》与《2004 欧盟公用事业部门采购指令》而言，2014 年新修订的公共部门采购指令和公用事业部门采购指令在适用范围、采购程序以及公共政策的考量等方面都有了进一步的完善。新版本的主要变化趋势有：一是强调公共采购中可持续发展和社会责任的履行，新的公共采购指令将遵守环境、社会和劳动法律方面的义务作为采购活动的基本原则之一；二是将采购规则从采购程序向前延伸到采购准备阶段，允许采购实体进行采购前的市场咨询，并允许候选人或投标人在采购准备阶段向采购人提供建议；三是以动态发布"事先信息公告"形式拓展了公共采购的透明度，"欧盟公告办公室"作为公告的发布者应当负有持续发布的义务，从而使得邀请竞争的信息在有效期间内一直被潜在的供应商所知晓；四是增加了采购过程中采购人（采购实体）的裁量权，例如，授予采购人根据采购需要调整投标截止时间的权利，增加了采购人"合同履行期间合同的修订"的裁量权;五是重视电子采购和集中采购技术的应用,欧盟鼓励供应商通过电子目录的方式或者包含电子目录的方式提交投标书,鼓励成员国内不同采购人以及跨成员国间的采购人之间的联合采购;六是细化了公共采购政策的实施,建立采购人与供应商之间的创新性伙伴关系,鼓励通过"分标段"的方式促进中小企业参与政府采购;七是重视公共采购中的标准化建设,如配合电子化采购,新增了关于"欧洲统一采购文件"(European Single Procurement Document)、"在线证书库"(e-Certis)等方面的规定;八是将"经济最有利标"作为择优标准,首次提出可以从全生命周期成本的角度来进行成本收益分析,并且针对生命周期成本及其确定进行了规制;九是将"分包"事项前置并保证分包链条信息透明化,以控制以往政府采购"分包"中的风险;十是将特许经营作为一种特殊的政府采购方式,并进行了特别规制;十一是对服务采购进行了特别规制,强调既要约束服务采购,又要充分考虑服务的特殊性。

世界银行 2016 年对政府采购规则的修订,为此轮国际政府采购规则修订画上了圆满的句号。2016 年 6 月 28 日,世界银行正式公布了新版采购规则——《项目新采购框架和规章》(*New Procurement Framework and Regulations for Projects*)并于当年 7 月 1 日起生效。此次修订,世界银行重置了其采购指南框架,将世界银行支持下的公共采购、政府贷款提升到了前所未有的高度,其总目标是建立一个现代化和适用性的采购框架,帮助借款人在实现可持续发展的同时获得"物有所值"。新版采购规则——《项目新采购框架和规章》包含了四个主要部分,分别是《世界银行政策:投资项目融资下的采购以及其他操作性采购事项》《世界银行对于投资项目融资借款人的采购规章》《世界银行指令：投资项目融资下的采购以及其他操作性采购事项》《世界银行程序：投资项目融资下的采购以及其他操作性采购事项》。新框架所体现的主要趋势有：一是强调可持续采购理念，如果与世界银行达成协议且与世界银行核心采购原则相一致，借款人可能在采购过程中会被要求包含额外的可持续性要求；二是强调以"物有所值"作为首要原则，与物有所值原则相一致，世界银行以"最有利投标"作为决标标准；三是增加了借款人的采购裁量权，如果采购人（即借款人）认为投标人的投标是不合适的，可以采取增加保证金数额、要求投标人给予解释甚至拒绝接受投标等来使风险最小化；四是推进政府采购制度的透明化建设，既从横向扩大了政府采购公开的范围，又从纵向增加公开的具体内容；五是采购流程更加科学化和精细化，对于各类不同情形的定义或各种除外情况的表述更加条理清晰，不以冗长的段落叙述，而是以简短分条叙述的方式予以规定；六是重视政府采购规则的刚性和灵活性相结合；七是推进了政府采购的标准化建设；八是推进电子化采购方式；九是将采购程序管理向后延伸至合同管理。

研究发现，新一轮国际政府采购规则修订体现了一些共同的趋势。而且，进一步的研究发现，在新一轮国际政府采购规则的引领下，典型国家的政府采购改革也迎合了这些新趋势。如在采购理念上，更加注重可持续发展，注重政府采购政策的实施；在采购目标上，更加重视物有所值，而非单纯的价格主导；在采购链条上，延伸至采购需求和结果管理而非简单的流程管理；在采购程序上，注重在规范性的基础上引入"灵活性"，实现采购治理"刚性"与"柔性"并举；在采购手段上，凸显了电子化采购的运用和采购标准化建设的推进。这些采购规则变化趋势，对未来完善我国政府采购制度有非常好的启示意义。

事实上，我国在近年来的政府采购制度建设中也体现了这样的改革思维。例如，2015 年 3 月 1 日实施的《中华人民共和国政府采购法实施条例》更加明确了政府采购政策功能的发挥，并将政府采购政府功能的实现辐射到"工程"招投标采购之中；再如，2017 年 7 月出台的《政府采购货物和服务招标投标管理办法》在增加采购人的自主权、对"报价明显偏低的情况"的处理等方面也从某种程度上体现了与国际政府采购规则的一致性。

本书由中央财经大学财政税务学院姜爱华教授进行框架设计和总攒定稿，中央财经大学财政税务学院的王威副教授、周芬博士、朱晗硕士、中国人民大学邓紫薇硕士参与了部分章节的资料收集与整理。为了便于读者阅读，对于国际政府采购规则的条款原文，我们翻译后采用了与正文字体有别的字体进行列示。

本书由中央财经大学中财—鹏元地方财政投融资研究所及中国财政发展协同创新中心资助出版，中央财经大学马海涛副校长、财政税务学院白彦锋院长、中财—鹏元地方财政投融资研究所温来成执行所长、中国财政发展协同创新中心曹明星副主任、中央财经大学税收筹划与法律研究中心的蔡昌主任等对本书的出版给予了大力支持，在此表示由衷感谢。

由于研究能力有限，特别是在进行大量外文翻译过程中，难免因为理解偏差存有表述不准确或者不完整之处，敬请广大读者批评指正。当然，文责自负。

姜爱华

2017 年 8 月 15 日

目　　录

第一章

联合国《公共采购示范法》

第一节　联合国采购《示范法》发展历程

一、2011 年之前采购《示范法》的发展历程

联合国国际贸易法委员会（以下简称贸易法委员会）成立于 1967 年，是联合国大会的一个政府间机构，是联合国大会为促进协调和统一国际贸易法，消除因贸易法的差别而对国际贸易造成不必要的障碍而设立的专职机构，该机构的成员包括所有区域和经济发展处于不同水平的国家及地区，我国已于 1983 年加入该贸易法委员会。

贸易法委员会的工作通过年会的形式进行，年会每年轮流在位于纽约的联合国总部和位于维也纳的维也纳国际中心举行。贸易法委员会设立了六个工作组就贸易法委员会工作计划中的专题进行实质性筹备工作，每一工作组由贸易法委员会的全体成员方组成。在 2004 ~ 2011 年第一工作组负责的专题即为"采购"，其中包括《贸易法委员会公共采购示范法》（*UNCITRAL Model Law on Public Procurement*，以下简称《公共采购示范法》）的相关修订工作。而目前第一工作组负责"中小微型企业"、第二工作组负责"争议解决"、第三工作组暂无专题、第四工作组负责"电子商务"、第五工作组负责"破产法"、

第六工作组负责"担保权益"。贸易法委员会各工作组一般每年举行一届或两届会议，视须讨论的主题事项而定，工作组届会也轮流在纽约和维也纳举行。

拟定"示范法"是贸易法委员会推动贸易法现代化的一种工作形式，"示范法"是指推荐各国颁布当作其国内法组成部分的立法案文。由于"示范法"具有较大的灵活性，使得其可能比含有不能修改的义务的案文更容易谈判，也容易得到更大程度的接受。"示范法"一般由贸易法委员会在年会上最后审定和通过。贸易法委员会近年来完成的"示范法"都附有"颁布指南"，列出背景信息和其他解释性信息，帮助国家政府和立法者使用该案文。例如，指南包括帮助各国考虑必须对"示范法"哪些条款（若有的话）进行修改以顾及特定国情的信息、"示范法"案文没有涉及但可能与"示范法"的主题事项有关的事项等。

贸易法委员会在1986年第十九届会议上提出将采购领域的工作作为优先事项，此后开始对采购示范法相关草案进行编写，并将草案递交给各国政府和相关国际组织征求意见，最终在第二十六届会议上审议通过了1993年《贸易法委员会货物、工程和服务采购示范法》（*UNCITRAL Model Law on Procurement of Goods, Construction and Services*，以下简称1993年《示范法》），此后通过了配套的《贸易法委员会货物、工程和服务采购示范法颁布指南》（*Guide to Enactment of the UNCITRAL Model Law on Procurement of Goods, Construction and Services*）。在拟定1993年《示范法》时，考虑到对服务采购的规范与对货物、工程采购的规范存在一定差异，所以贸易法委员会决定先进行货物和工程采购示范法的拟定工作。而在1993年第二十六届会议完成了上述工作后，贸易法委员会决定继续进行服务采购的示范法律拟定。故在1994年第二十七届会议上，贸易法委员会讨论了1993年《示范法》需要做出的补充和修改，使其能够纳入服务采购相关内容，随之通过了《贸易法委员会货物、工程和服务采购示范法》（*UNCITRAL Model Law on Procurement of Goods, Construction and Services*，以下简称1994年《示范法》）。需要注意的是，1994年《示范

法》的颁布与 1993 年《示范法》并不存在替代或冲突关系，1993 年
《示范法》并未被废止，因为该法案只是针对货物和工程采购，而
1994 年《示范法》是对它的增补。

2004 年，贸易法委员会第三十七届会议上提出对 1994 年《示范
法》进行修订。在 1994～2004 年这十年的发展过程中，贸易法委员
会注意到影响采购领域的两项重要变革：一是电子通信手段的广泛运
用；二是一些国家已经使用电子方式处理采购工作。电子通信和技术
在采购方面的迅猛发展，受到许多国家、国际组织和区域组织的关
注，相关法律问题也提上了日程。贸易法委员会认为，电子采购的应
用将产生许多裨益，包括提高资金使用价值、增加采购透明度等。除
此之外，1994 年《示范法》还有其他需要修订的内容，包括供应商
名单、框架协议、异常低价等。因此，贸易法委员会最终责成第一工
作组（采购）承担修订任务。第一工作组从 2004 年 8 月第六届会议
开始，到 2010 年 11 月第十九届会议最终完成了《贸易法委员会公共
采购示范法》草案的修订工作，接着在 2011 年 3 月第二十届会议上
开始《贸易法委员会公共采购示范法颁布指南》（*Guide to Enactment
of the UNCITRAL Model Law on Public Procurement*，以下简称《颁布指
南》）的修订。

二、2011 年《公共采购示范法》新修订

在 2011 年贸易法委员会第四十四届会议上，大会审议通过了
《公共采购示范法》，与之相配套的《颁布指南》在 2012 年贸易法委
员会第四十五届会议上审议颁布。新版联合国《公共采购示范法》
是对 1994 年贸易法委员会通过的 1994 年《示范法》的修订和更名，
生效于 2011 年 10 月 24 日。此次修订主要是将各国新的实践，特别
是在公共采购中使用电子通信手段以及基于 1994 年版本使用中获得
经验写入其中。

贸易法委员会会议审议了工作组提出的修订草案的 161 点内
容，以及拟订《公共采购示范法》修订本《颁布指南》和推广

《公共采购示范法》修订本等问题。与 1994 年《示范法》相比较，此次修订的篇幅较大，主要是对条文的增补和增编，反映了贸易法委员会近年来在公共采购领域的新看法。1994 年《示范法》包含六章共 57 条，新版《公共采购示范法》由序言和正文两部分组成。序言部分列明了制定政府采购法规的目的；正文部分由 69 个条款组成，分为总则，采购方法及其使用条件、招标办法以及采购通知，公开招标，限制性招标程序、询价程序、不通过谈判征求建议书程序、两阶段招标程序、通过对话征求建议书程序、通过顺序谈判征求建议书程序、竞争性谈判程序、单一来源采购程序，电子逆向拍卖，框架协议程序，质疑程序八大部分，对整个政府采购制度作了较为详细的规定。

与 1994 年《示范法》相比，其中增加的两章是"电子逆向拍卖"和"框架程序协议"，都是公共采购的新方法。在其他章节中，针对电子逆向采购和框架程序协议的修订也很多，例如，第一章第 2 条新增的定义、第一章第 25 条增加了两点涉及电子逆向拍卖和框架协议程序的记录规定。其他新增或修改的条款，主要包括评审标准和程序的规则、采购估值的规则、招标程序、邀请建议书等。

第二节　2011 年版联合国《公共采购示范法》的修订内容

一、关于"总则"部分的修订

2011 年《公共采购示范法》第一章"总则"与 1994 年《示范法》"总则"相比，其内容更加丰富，新增了一些关键概念的界定、共性原则，新增了一些为使采购达到"物有所值"目标而应明晰的一些程序性的规定，这些补充和完善，使得各方对公共采购的理解更加统一，使得采购程序的设计更加完善。

（一）新增法律中的关键定义

2011 年《公共采购示范法》第一章"总则"第 1 条"适用范围"对其中的有关定义进行了界定，从而对法律中关键术语进行了解释和统一规定。1994 年版有（a）～（i）共 9 项定义，2011 年版增加为（a）～（u）共 21 项定义，增加了直接招标、国内采购、电子逆向拍卖、框架协议程序、资格预审、预选、涉及机密信息采购、经济社会政策、招标、停顿期①、提交书等的定义。相关条款如下：

（b）"直接招标"系指直接向一个供应商或承包商或者向数目受限的供应商或承包商进行招标。在资格预审程序或预选程序后向数目受限的供应商或承包商进行招标不在此列；

（c）"国内采购"系指根据本法第 8 条②限于国内供应商或承包商参加的采购；

（d）"电子逆向拍卖"系指供应商或承包商在规定期限内相继提交更低出价，出价自动评审，采购实体选出中选提交书所使用的在线实时采购工具；

（e）"框架协议程序"系指分两阶段进行的程序：第一阶段甄选将加入与采购实体的框架协议的一个或多个供应商或承包商，第二阶段将框架协议下的采购合同授予已加入框架协议的一个供应商或承包商：

●"框架协议"系指框架协议程序第一阶段完成时，采购实体与一个或多个中选供应商或承包商订立的协议；

●"封闭式框架协议"系指最初未加入框架协议的供应商或承包商不可随后加入的框架协议；

●"开放式框架协议"系指除最初加入框架协议的当事人之外其他一个或多个供应商或承包商可随后加入的框架协议；

---

① 英文为：the Standstill Period，此处"停顿期"理解为"公示期"。

② 《公共采购示范法》第 8 条规定，如果采购实体要对供应商或者承包商进行国籍限制，需要基于本国采购条例或其他法律规定列明的理由，并在采购程序开始前发表声明，采购程序记录中也要载明所依据的理由和情形。

● "有第二阶段竞争的框架协议程序"系指有不止一个供应商或承包商的开放式框架协议或封闭式框架协议下的程序，在订立框架协议时无法充分准确确定的某些采购条款和条件将通过第二阶段竞争加以确定或细化；

● "无第二阶段竞争的框架协议程序"系指订立框架协议时已确定所有采购条款和条件的封闭式框架协议下的程序；

（f）"资格预审"系指本法第18条①所规定的在招标之前确定合格供应商或供应商的程序；

（g）"资格预审文件"系指采购实体根据本法第18条印发的载明资格预审程序条款和条件的文件；

（h）"预选"系指本法第49条第3款②所规定的在招标之前确定最符合相关采购的资格标准的有限数目供应商或承包商的程序；

（i）"预选文件"系指采购实体根据本法第49条第3款印发的载明预选程序条款和条件的文件；

（l）"涉及机密信息的采购"系指本国采购条例或其他法律规定允许采购实体为保护机密信息采取措施并规定要求的采购；

（o）"社会经济政策"系指本国采购条例或其他法律规定允许或要求采购实体在采购程序中考虑到的本国在环境、社会、经济和其他

---

① 第18条详细规定了资格预审的程序，包括公开发布资格预审邀请书、邀请书应包含的内容、资格预审文件的收费标准只限于工本费、资格预审文件的内容、对供应商或承包商申请澄清的答复、通知通过资格预审的供应商或者承包商、告知未通过资格预审供应商或承包商未获通过的原因等。

② 第49条第3款规定，采购实体可以为限制向其求建议书的供应商或承包商的数目而进行预选程序。本法第18条的规定，在本款中未减损的，应当经变通后适用于预选程序：（a）采购实体应当在预选文件中具体规定，采购实体将只向数目有限、最符合预选文件中列明的资格标准的通过了预选的供应商或承包商求建议书；（b）预选文件应当列明将向其求建议书的通过了预选的供应商或承包商的最高限数以及选定这一限数的方式。在确定这一限数时，采购实体应当考虑到确保有效竞争的必要性；（c）采购实体应当按照预选邀请书和预选文件中列明的排名方式，对符合预选文件列明的标准的供应商或承包商进行排名；（d）采购实体预选的取得最佳排名的供应商或承包商，应当限于预选文件所列明的最高限数，但如有可能至少应为三个；（e）采购实体应当迅速通知每一个供应商或承包商是否通过预选，并应当根据请求向未通过预选的供应商或承包商告知未获通过的原因。采购实体还应当根据请求向任何人提供通过了预选的所有供应商或承包商的名称。

方面的政策。［颁布国可扩充本项，列入此种政策的示例清单］；

（p）"招标"系指邀请投标、邀请递交提交书，或者邀请参加征求建议书程序或电子逆向拍卖程序；

（q）"招标文件"系指采购实体印发的，载明特定采购的条款和条件的文件，包括此种文件的任何修正；

（r）"停顿期"（the Standstill Period）系指自发出本法第22条第2款①所要求的通知之时起算的期间，在此期间，采购实体不得接受中选提交书，供应商或承包商可以根据本法第八章对已经作此通知的决定提出质疑；

（s）"提交书"系投标书、建议书、报盘、报价和出价的总称或通称，视语境需要，包括初步提交书或临时提交书。

（二）新增未来采购信息的预先通告

《公共采购示范法》第一章第6条为"未来可能采购活动的信息"。

新版增加了此条，规定采购实体可以预先发布未来可能采购活动的公告或计划采购活动的信息，此种行为不构成招标。

第6条第1款至第3款规定：

1. 采购实体可以发布未来数月或数年计划采购活动的信息。

2. 采购实体也可以预先发布未来可能采购活动的公告。

3. 根据本条发布的信息或公告不构成招标，不使采购实体承担招标义务，也不赋予供应商或承包商任何权利。

"未来采购信息的预先通告"使得采购信息能够更早地让利益相关方知晓，从而更好地消除采购中的信息不对称，也为供应商提早准

---

① 该款规定，采购实体应当将其拟在停顿期结束时接受中选提交书的决定迅速通知每一个递交了提交书的供应商或承包商。通知书应当至少包含下列内容：（a）递交中选提交书的供应商或承包商的名称和地址；（b）合同价格，或者，价格结合其他标准作为依据确定中选提交书的，合同价格以及中选提交书的其他特点和相对优势概要；并且（c）根据采购条例的要求，在招标文件中列明的停顿期期限。停顿期应当自本款规定的通知书向递交了提交书的所有供应商或承包商发出之日起算。

备参与采购提供了基础，提高了采购的计划性和效率性。

(三) 新增确保供应商公平参与竞争的条款

《公共采购示范法》第一章第 8 条为"供应商或承包商的参与"。

新版与旧版第 8 条相比较，增加了第 2 款、第 5 款两点规定，具体如下：

2. 除本国采购条例或其他法律规定允许或要求外，采购实体不得为限制承包商或供应商参加采购程序而设定可能造成歧视或者区别对待供应商或承包商或者歧视其中某些种类的其他要求。

5. 采购实体应当根据请求向任何人提供采购实体根据本条限制供应商或承包商参加采购程序的理由。

(四) 新增允许以本国道德标准和其他标准限制供应商或者承包商资格

《公共采购示范法》第一章第 9 条为"供应商和承包商的资格"。

本条和旧版第 6 条相比较，在供应商或承包商应该达到的标准细则下，增加了一点：

(b) 供应商或承包商符合本国所适用的道德标准和其他标准；

这一条实际上是允许各国在实行政府采购时，将满足本国道德标准和国内其他标准作为对供应商资格的一项限制，并明确这不属于"歧视"行为，从而确保采购规则普适性的前提下又照顾到成员方的特殊性。

(五) 增加了公共采购评审的标准和程序规定

《公共采购示范法》第一章第 11 条为"关于评审标准和程序的规则"。

新版增加了此条，系统阐述了公共采购过程中评审的标准，包括与采购标的相关的评审标准、本国采购条例或其他法律规定允许或者要求考虑到的任何标准、本国采购条例或其他法律规定允许或要求给予国内供应商或承包商或者给予国产货物的优惠幅度或其他任何优惠、招标文件对评审标准的说明等。

第 11 条共设 6 款，分别做了如下规定：

1. 除本条第 3 款规定的标准外，评审标准应当与采购标的相关。

2. 与采购标的相关的评审标准可以包括：

（a）价格；

（b）货物操作、保养和维修费用或工程费用；交付货物、完成工程或提供服务的时间；采购标的特点，如货物或工程的功能特点和标的的环境特点；以及采购标的的付款条件和保证条件；

（c）涉及根据本法第 47 条[①]、第 49 条[②]和第 50 条[③]进行采购的，供应商或承包商以及参与提供采购标的的人员的经验、可靠性、专业能力和管理能力。

3. 除本条第 2 款规定的标准外，评审标准还可以包括：

（a）本国采购条例或其他法律规定允许或者要求考虑到的任何标准；

（b）本国采购条例或其他法律规定允许或要求给予国内供应商或承包商或者给予国产货物的优惠幅度或其他任何优惠。优惠幅度应当根据采购条例计算。

4. 所有非价格评审标准均应在可行范围内力求客观、量化并以金额表示。

5. 采购实体应当在招标文件中具体说明：

（a）中选提交书将根据价格确定，还是价格结合其他标准作为依据加以确定；

（b）根据本条确定的所有评审标准，包括根据任何优惠做出修改的价格；

[①] 第 47 条为"不通过谈判征求建议书"，该条分 10 款，规定了采购实体采用征求建议书程序采购的，应登载参加此种程序的邀请书，以及邀请书中应包括的内容等。

[②] 第 49 条为"通过对话征求建议书"，该条包含 13 款，规定了采购实体采用通过对话征求建议书程序采购的，应登载参加此种程序的邀请书，以及邀请书应包括的内容等。

[③] 第 50 条为"通过顺序谈判征求建议书"，规定了采用这种程序的条件、建议书是否具"响应性"的判断标准，以及谈判的程序等。

（c）所有评审标准的相对权重，但根据本法第 49 条进行的采购除外，在此种采购中，采购实体可以按重要性递减顺序列出所有评审标准；

（d）评审程序适用这些标准的方式。

6. 在评审提交书和确定中选提交书时，采购实体只应采用招标文件中列明的标准和程序，并应当按照招标文件中公布的方式适用这些标准和程序。凡不是根据本规定列明的标准或程序，一律不得采用。

这一条新增内容旨在使得公共采购评审的标准更加明确化，其中有两点特别值得注意，一是采购实体可以按重要性递减顺序列出所有评审标准；二是所有非价格评审标准均应尽可能地量化，从而在很大程度上规避了公共采购中评审过程的随意性。

（六）新增对公共采购估值的规定

《公共采购示范法》第一章第 12 条为"关于采购估值的规则"。

新版增加了此条，对采购实体进行采购估值的原则、应当包括的价值进行了说明。

此条共设两款，规定如下：

1. 采购实体不得为限制供应商或承包商之间的竞争或者为以其他方式规避本法对其规定的义务而将采购业务分割，或者采用特定估值方法对采购进行估值。

2. 采购实体进行采购估值，应当包括采购合同的最大估计总价值，或框架协议下所设想的整个期间所有采购合同的最大估计总价值，同时考虑到所有付酬形式。

从这一点可以看出，《公共采购示范法》倡导在对采购进行估值时，不能单纯考虑采购价格，而应考虑采购的生命周期成本内成本，这与"物有所值"原则的内涵是一致的。

（七）新增了关于资格预审程序的规定

《公共采购示范法》第一章第 14 条为"关于资格预审申请书、

预选申请书或提交书的递交方式、地点和截止时间的规则"。

新版增加了此条，对包含资格预选这一程序的采购活动进行了时间安排上的规定：资格预选邀请书、招标文件中应该列明相应的递交方式、地点和截止时间；截止时间应该给供应商或承包商留出足够的编写时间，同时考虑到采购实体的合理需要；采购实体对文件进行澄清或修改，或供应商、承包商因特殊情况无法在最初规定的时间递交文件，采购实体可以展延截止时间。

1. 资格预审申请书或预选申请书的递交方式、地点和截止时间，应当在资格预审邀请书或预选邀请书中列明，适用的，还应当在资格预审文件或预选文件中列明。提交书的递交方式、地点和截止时间，应当在招标文件中列明。

2. 资格预审申请书、预选申请书或提交书的递交截止时间，应当以具体日期和时间表示，并应当给供应商或承包商编写和递交申请书或提交书留出足够时间，同时考虑到采购实体的合理需要。

3. 如果采购实体印发对资格预审文件、预选文件或招标文件的澄清或修改，采购实体应当在必要时或者按照本法第 15 条第 3 款①的要求，在资格预审申请书、预选申请书或提交书所适用的递交截止时间之前展延该截止时间，以便给予供应商或承包商足够时间在申请书或提交书中考虑到该澄清或修改。

4. 如果一个或多个供应商或承包商因超出其控制范围的任何情形而无法在最初规定的截止时间之前递交申请书或提交书，采购实体可以依其完全自由裁量权，在资格预审申请书、预选申请书或提交书的递交截止时间之前展延所适用的截止时间。

5. 采购实体应当向每一个由采购实体提供了资格预审文件、预选文件或招标文件的供应商或承包商迅速发出任何展延截止时间的通知。

此条规范了公共采购中的资格预审程序，并规定了资格预审期限展延的两个条件：一是采购实体对已经发出文件的信息进行修改的；

---

① 对已发出的资格预审或招标文件等信息进行修改的情形。

二是潜在供应商或承包商因超出"其控制范围的任何情形"而无法提交申请书的情况。在这两种情况下，都应迅速向已经接受相关文件的供应商或者承包商发出展延截止时间的通知。

（八）新增关于招标文件澄清和修改的规定

《公共采购示范法》第一章第15条为"招标文件的澄清和修改"。

本条与旧版第三章第28条相比较，增加了因招标文件澄清或修改导致信息不准确时应公开修改以及延长投标书递交的时间的规定。

此条第3款为：

3. 如果根据本条印发一项澄清或修改，导致在邀请供应商或承包商参加采购程序之初发布的信息变成实质上不准确的信息，采购实体应当以发布原信息的同样方式，在同一登载处发布经修改的信息，并应当按照本法第14条第3款的规定展延提交书的递交截止时间。

当采购文件内容发生变化时，采购实体应当以发布原信息同样的方式在同一登载处发布修改后的信息，并展延提交响应文件的截止时间。从而让所有应该知晓修改消息的供应商或者承包商都能知晓。

（九）新增了供应商或者承包书对已提交文件的澄清程序

《公共采购示范法》第一章第16条为"资质信息和提交书的澄清"。

新版增加了此条，说明了可以对资质信息和提交书进行澄清的情况，强调不能进行实质性改变、双方不能就此事进行谈判、采购实体不能更改价格。具体包括：采购实体有权要求供应商或承包商对提交的资质信息或提交书进行澄清，采购实体对提交书的纯粹计算错误可以纠正，但不能谋求、提议或允许对资质信息或者对提交书做出实质性改变，其中包括为了使不合格的供应商或承包商合格或者使不具响应性的提交书具响应性而做出的改变。采购实体不能和供应商或承包商之间就资质信息或提交书进行任何谈判，也不得在澄清之后根据所作澄清对价格做出任何改变。

该条共设 6 款，具体条款如下：

1. 在采购程序的任何阶段，采购实体可以要求供应商或承包商为协助确定资格或进行提交书审查和评审而对资质信息或提交书做出澄清。

2. 采购实体应当纠正在提交书审查期间发现的纯粹计算错误。采购实体应当迅速将任何此种纠正通知发给递交了有关提交书的供应商或承包商。

3. 不得谋求、提议或允许对资质信息或者对提交书做出实质性改变，其中包括为了使不合格的供应商或承包商合格或者使不具响应性的提交书具响应性而做出的改变。

4. 不得在采购实体和供应商或承包商之间就资质信息或提交书进行任何谈判，也不得在依本条要求澄清之后根据所作澄清对价格做出任何改变。

5. 本条第 4 款不适用于根据本法第 49 条、第 50 条、第 51 条①和第 52 条②递交的建议书。

6. 根据本条产生的通信一律载入采购程序记录。

该条规定了，采购实体有权要求供应商或承包商对提交的资质信息或提交书进行澄清，对提交书的纯粹计算错误可以纠正。但澄清的前提是，采购实体不能与供应商或者承包商进行谈判，也不能谋求、提议或允许对资质信息或者对提交书做出实质性改变，这种实质性改变包括：使不合格的供应商或承包商合格，或者使不具响应性的提交书具响应性，也不得在澄清之后根据所作澄清对价格做出任何改变。在此过程中，所有的沟通均应有记录。

---

① 第 51 条为"竞争性谈判"，对竞争性谈判的适用条件、程序及注意事项等进行了规定。

② 第 51 条为"单一来源采购"，对单一来源采购的适用条件，并明确除特殊情况外，采购实体应当与被征求建议书或被征求报价的供应商或承包商进行谈判。

（十）新增对"异常低价提交书"的否决程序

《公共采购示范法》第一章第 20 条为"否决异常低价提交书"。

新版增加了此条，如果提交书的出价相对于采购标的异常偏低，引起了采购实体对供应商或承包商履约能力的怀疑，采购实体在满足一定条件下可以否决该提交书。

该条第 1 款、第 2 款规定如下：

1. 如果采购实体确定，价格结合提交书的其他构成要素相对于采购标的异常偏低，由此引起采购实体对递交了该提交书的供应商或承包商履行采购合同能力的关切，采购实体可以否决该提交书，条件是采购实体采取了下列行动：

（a）采购实体已经以书面形式请求该供应商或承包商就引起采购实体对其履行采购合同能力关切的提交书提供细节；并且

（b）采购实体已考虑到该供应商或承包商在这一请求之后提供的任何信息以及提交书中列入的信息，但在所有这些信息的基础上继续持有关切。

2. 采购实体根据本条做出的否决提交书的决定及其理由，以及根据本条与供应商或承包商的所有通信，均应载入采购程序记录。采购实体的决定及其理由应当迅速告知有关的供应商或承包商。

"异常低价提交书"的判定是此次新版示范法赋予采购实体的一项权利。如果采购实体综合考虑供应商或者承包商的提交书，认为其价格过低有可能不能正常履行合同，在要求供应商或者承包商提交履行合同能力的细节后，仍对其合同履行能力产生怀疑的，可以否决此项投标书。否决的过程、决定和理由应有记录，并且应及时告知有关供应商或者承包商。

（十一）新增合同签订"停顿期"的规定

《公共采购示范法》第一章第 22 条：接受中选提交书和采购合同生效。

此条与旧版第三章第 36 条相比较，新增了两点关于"停顿期"

的规定。一是采购实体应当将其拟在停顿期结束时接受中选提交书的决定迅速通知每一个递交了提交书的供应商或承包商，通知书应当至少包含递交中选提交书的供应商或承包商的名称和地址、合同价格，若是价格结合其他标准作为依据确定中选提交书的，通知书应列出合同价格以及中选提交书的其他特点和相对优势概要，停顿期应当自向递交了提交书的所有供应商或承包商发出通知书之日起算。二是指出了三类不适用停顿期规定的采购合同。

该条第 2 款和第 3 款做了如下规定：

2. 采购实体应当将其拟在停顿期结束时接受中选提交书的决定迅速通知每一个递交了提交书的供应商或承包商。通知书应当至少包含下列内容：

（a）递交中选提交书的供应商或承包商的名称和地址；

（b）合同价格，或者，价格结合其他标准作为依据确定中选提交书的，合同价格以及中选提交书的其他特点和相对优势概要；并且

（c）根据采购条例的要求，在招标文件中列明的停顿期期限。停顿期应当自本款规定的通知书向递交了提交书的所有供应商或承包商发出之日起算。

3. 采购合同有下列情形的，不应当对授予采购合同适用本条第 2 款：

（a）采购合同是无第二阶段竞争的框架协议程序下的采购合同；

（b）合同价格低于采购条例中列明的"门槛"金额（the threshold amount）；或者

（c）采购实体判定出于公共利益紧迫考虑必须在没有停顿期的情况下进行采购。采购实体关于存在此种紧迫考虑的决定以及做出该决定的理由，应当载入采购程序记录。

该条规定，采购实体应将"接受中选提交书"的决定通知所有递交了响应文件的供应商或者承包商，且对该"通知"的内容做了对应，特别是如果是采用综合评审方法，应将中选提交书的相对优势也在通知中列明。但如果采购是出于框架协议、合同价低于采购"门槛"价或者是紧急采购的，可以不用设"停顿期"，但应将这一情况写入采购程序记录。

（十二）采购实体和供应商或者承包商可以相互提出保密要求

《公共采购示范法》第一章第24条为"保密"。

新版增加了此条，第1款指出，如果披露信息会威胁国家安全利益，或违反法律、损害供应商或承包商商业利益、妨碍公平竞争，那么采购实体不得披露相关信息。第2款指出，除必须公布的承包商或供应商信息以外，采购实体应当避免将信息披露给其他竞标供应商或承包商。第3款指出采购实体和供应商或承包商之间依法进行的讨论、通信、谈判和对话，除非法律要求，否则双方都负有保密责任。第4款指出，采购主体可以对供应商或承包商提出保密要求，并要求其确保分包商遵守保密要求。

相关规定如下：

1. 在采购实体与供应商或承包商的通信或者与任何人的通信中，如果不披露信息是保护国家基本安全利益所必需的，或者披露信息将违反法律、将妨碍执法、将损害供应商或承包商的正当商业权益，或者将妨碍公平竞争，则采购实体不得披露任何此种信息，除非［法院名称］或［颁布国指定的有关机关的名称］下令披露该信息，在此种情况下，该信息的披露须符合此种命令规定的条件。

2. 除根据本法第22条第2款和第10款①、第23条②、第25

---

① 第22条第10款，"在采购合同生效并且供应商或者承包商按要求提供履约担保时，即应迅速向其他供应商或承包商发出采购合同通知，列明已订立采购合同的供应商或承包商的名称和地址及合同价格。"

② 第23条为"采购合同和框架协议的授标公告"，具体条款规定为："1. 采购合同生效时或者订立框架协议时，采购实体应当迅速发布采购合同或框架协议的授标公告，列明被授予采购合同或框架协议的一个或多个供应商或承包商的名称，以及采购合同的合同价格。2. 本条第1款不适用于合同价格低于采购条例中列明的'门槛'金额的授标。采购实体应当定期、累积发布此种授标的公告，每年至少一次。3. 采购条例应当就本条所要求的公告发布方式做出规定。"

条①和第 42 条②提供或发布信息之外，采购实体处理资格预审申请书、预选申请书和提交书，应当避免将其内容披露给其他竞标供应商或承包商，或未被允许接触此类信息的其他任何人。

3. 采购实体与供应商或承包商之间根据本法第 48 条第 3 款③和第 49 条至第 52 条进行的任何讨论、通信、谈判和对话均应保密。除非法律要求或者［法院名称］或［颁布国指定的有关机关的名称］下令，否则任何参与此种讨论、通信、谈判或对话的一方未经对方同意，不得向其他任何人披露与这些讨论、通信、谈判或对话有关的任何技术信息、价格信息或其他信息。

4. 在不违反本条第 1 款的要求的情况下，采购涉及机密信息的，采购实体可以：

（a）对供应商或承包商规定旨在保护机密信息的要求；并且

（b）要求供应商或承包商确保其分包商遵守旨在保护机密信息的要求。

新版示范法对涉及保密的条款专门做出了规定。保密要求是确保国家利益，采购人利益，或者供应商或承包商利益的重要举措。

（十三）新增电子逆向拍卖和框架协议程序的记录规定

《公共采购示范法》第一章第 25 条为"采购程序的书面记录"。

---

① 第 25 条为"采购程序的书面记录"，规定了采购程序记录应包括的 23 项内容，以及这些信息应当在合适提交给想获得相关记录的请求方，并规定了一些不得披露的信息，要求采购实体应该记录、归档并保存于采购程序有关的一切文件。

② 第 42 条为"开标"，规定："1. 开标时间是招标文件列明的投标截止时间。应当在招标文件列明的地点，按照招标文件列明的方式和程序开标。2. 采购实体应当允许所有递交了投标书的供应商或承包商或其代表参加开标。3. 供应商或承包商的投标书凡是被开启的，其名称和地址以及投标价格均应在开标时向出席者当众宣读、应当根据请求告知递交了投标书但未出席或未派代表出席开标的供应商或承包商，并应当立即载入本法第 25 条所要求的采购程序记录。"

③ 第 48 条为"两阶段招标"，其中第 3 款为："供应商或承包商的初步投标书未根据本法规定被否决的，采购实体可以在第一阶段就其初步投标书的任何方面与其进行讨论。采购实体与任何供应商或承包商进行讨论时，应当给予所有供应商或承包商平等参加讨论的机会。"

本条与旧版第一章第 11 条相比较,增加了两点涉及电子逆向拍卖和框架协议程序的记录规定。采购程序记录应当包括:采购使用电子逆向拍卖方式的,或者采购涉及作为授予采购合同之前的一个阶段的电子逆向拍卖的,关于采购实体使用此种拍卖所依据的理由和情形的说明以及关于拍卖起讫日期和时间的信息;使用框架协议程序的,关于采购实体使用框架协议程序和所选择的框架协议类型所依据的理由和情形的说明。

相关条款规定如下:

(f) 采购使用电子逆向拍卖方式的,或者采购涉及作为授予采购合同之前的一个阶段的电子逆向拍卖的,关于采购实体使用此种拍卖所依据的理由和情形的说明以及关于拍卖启讫日期和时间的信息;

(g) 使用框架协议程序的,关于采购实体使用框架协议程序和所选择的框架协议类型所依据的理由和情形的说明;

电子采购是此次新版示范法新增的内容,此条要求涉及使用电子逆向拍卖方式采购的,应记录"选择理由及拍卖起讫日期和时间的信息";使用框架协议程序的,应将"使用程序""依据的理由"等进行说明。

(十四) 新增关于采购官员行为守则的规定

《公共采购示范法》第一章第 26 条为"行为守则"。

新版增加了此条,指出应当颁布采购实体官员或雇员行为守则。具体条文为:

应当颁布采购实体官员或雇员行为守则。行为守则除其他事项外,应当涉及防止采购中的利益冲突,并酌情涉及规范采购负责人员相关事项的措施,例如,特定采购中的利益关系申明、筛选程序和培训要求。所颁布的此种行为守则应可迅速供公众查取并加以系统保持。

这一规定主要是为了确保采购官员在采购中的"中立性"。

二、对采购方法及其使用条件进行了增补和细化

《公共采购示范法》第二章第一节的第 27～32 条对采购方法和使用条件进行了修订、增补和细化。从而形成了十种具体的采购方式和采用框架协议程序模式。这十种采购方式包括：公开招标；限制性招标；询价；不通过谈判征求建议书；两阶段招标；通过对话征求建议书；通过顺序谈判征求建议书；竞争性谈判；电子逆向拍卖；单一来源采购。与 1994 年版《示范法》相比，具体变化如下：

（一）新增电子逆向拍卖采购和三种征求建议书采购

《公共采购示范法》第二章第 27 条为"采购方法"。

此条列出了建议采用的十种采购方法，与旧版相比增加了电子逆向拍卖，旧版中的"邀请建议书"细化为三种类型"不通过谈判征求建议书""通过对话征求建议书""通过顺序谈判征求建议书"。

相关的条款为：

采购实体可以通过下列方式进行采购：

（a）公开招标；

（b）限制性招标；

（c）询价；

（d）不通过谈判征求建议书；

（e）两阶段招标；

（f）通过对话征求建议书；

（g）通过顺序谈判征求建议书；

（h）竞争性谈判；

（i）电子逆向拍卖；和

（j）单一来源采购。

此条将电子逆向拍卖作为采购方式之一，并且将原来的"邀请建议书"细分为"不通过谈判征求建议书""通过对话征求建议书""通过顺序谈判征求建议书"三种不同的方式，使这种采购方式的使

用更加灵活。

（二）新增"不通过谈判征求建议书"采购方式的使用条件

《公共采购示范法》第二章第 29 条为"本法第四章采购方法（限制性招标、询价、不通过谈判征求建议书）的使用条件"。

本条与旧版第 20 条、第 21 条相比较，关于限制性招标和询价的使用条件没有变化，增加了关于不通过谈判征求建议书的使用条件，规定采购实体需要在建议书的质量和技术方面审查和评审完成之后才对建议书的财务方面单独进行审议的，采购实体可以使用不通过谈判征求建议书的方式进行采购。

具体条款如下：

采购实体需要在建议书的质量和技术方面审查和评审完成之后才对建议书的财务方面单独进行审议的，采购实体可以根据本法第 47 条使用不通过谈判征求建议书的方式进行采购。

由于增加了"不通过谈判征求建议书"这种新的采购方式，本条对这一方式的使用条件进行了规定，实质上，这种采购方式分为两个阶段，第一个阶段是对供应商或承包商提交的建议书的质量和技术进行审查和评审，第二阶段是对通过第一阶段的建议书进行财务方面的评审。

（三）修改单一来源使用条件且新增"顺序谈判征求建议书"的条件

《公共采购示范法》第二章第 30 条为"本法第五章采购方法（两阶段招标、通过对话征求建议书、通过顺序谈判征求建议书、竞争性谈判、单一来源采购）的使用条件"。

本条与旧版第 19 条、第 22 条相比较，关于两阶段招标、通过对话征求建议书（与旧版"邀请建议书"类似）、竞争性谈判的使用条件没有变化，删去了旧版单一来源采购使用条件中的一条"急需获得该货物、工程或服务，采用招标程序或任何其他采购方法均不切实际，但条件是造成此种紧迫性的情况并非采购实体所能预见，也非采购实体办事拖拉所致"。同时增加了顺序谈判征求建议书的使用条件。

具体条款如下：

采购实体需要在建议书的质量和技术方面审查和评审完成之后才对建议书的财务方面单独进行审查，而且采购实体经评价认定需要与供应商或承包商进行顺序谈判才能确保采购合同的财务条款和条件为采购实体接受的，采购实体可以根据本法第 50 条①使用通过顺序谈判征求建议书的方式进行采购。

此条修订中删除了原来被认为紧急采购时可以直接用单一来源采购方式的情形，新的《公共采购示范法》规定紧急采购可用框架协议程序。另外，对于新增的"顺序谈判征求建议书"，其规定了相应的使用条件。

（四）新增电子逆向拍卖的使用条件

《公共采购示范法》第二章第 31 条为"电子逆向拍卖的使用条件"。

新版增加了此条，规定符合一定条件时采购实体可以使用电子逆向拍卖进行采购，条件是：

（a）采购实体拟订采购标的详细说明是可行的；

（b）存在着供应商或承包商的竞争市场，预期有资格的供应商或承包商将参加电子逆向拍卖，从而可确保有效竞争；并且

（c）采购实体确定中选提交书所使用的标准可以量化，且可用金额表示。

同时此条规定，电子逆向采购可以作为公共采购的一个部分使用，例如，在授予采购合同的前一个阶段使用，或是在有第二阶段竞争的框架协议中使用。

符合下列条件的，采购实体可以根据本法第六章的规定使用电子

---

① 第 50 条为"通过顺序谈判征求建议书"。

逆向拍卖方式进行采购：

（a）采购实体拟订采购标的详细说明是可行的；

（b）存在着供应商或承包商的竞争市场，预期有资格的供应商或承包商将参加电子逆向拍卖，从而可确保有效竞争；并且

（c）采购实体确定中选提交书所使用的标准可以量化，且可用金额表示。

采购实体可以在根据本法规定酌情使用的采购方法中，使用作为授予采购合同前的一个阶段的电子逆向拍卖。采购实体还可以根据本法的规定，在有第二阶段竞争的框架协议程序中为授予采购合同而使用电子逆向拍卖。只有满足本条第1款（c）项规定的条件，才可使用本款规定的电子逆向拍卖。

对于电子逆向拍卖这种采购方式，新版《公共采购示范法》规定必须符合这样三个条件：一是采购需求明确，二是有充分的竞争，三是所提交的响应文件标准可量化。

（五）新增框架协议程序的使用条件

《公共采购示范法》第二章第32条为"框架协议程序的使用条件"。新版增加了此条，列出了可以使用框架协议程序的两种情况：

采购实体认定有下列情形之一的，可以根据本法第七章进行框架协议程序：

（a）对采购标的的需要预计将在某一特定时期内不定期出现或重复出现；或者

（b）由于采购标的的性质，对该采购标的的需要可能在某一特定时期内在紧急情况下出现。

采购实体应当在本法第25条要求的记录中载列关于采购实体使用框架协议程序和所选择的框架协议类型所依据的理由和情形的说明。

框架协议采购是提高采购效率的重要举措，对于那些标准化且使用频率比较高的采购对象可以极大地节约采购成本。

三、归集并适当增补了各采购方式的"邀请和通知"

《公共采购示范法》第二章第二节为"采购的邀请和通知"。具体包含：公开招标、两阶段招标和使用电子逆向拍卖方式的采购中的邀请（第33条）；限制性招标、询价、竞争性谈判和单一来源采购中的邀请——采购预告要求（第34条）；征求建议书程序中的邀请（第35条）。

新版增加了此节，列出了各种采购方式应该采用的邀请，例如，登载邀请书的要求、询价供应商或承包商的数量要求、采购公告应该包含的内容。本节的内容在旧版示范法中分散在各个采购方法中，新版实际是把所有采购方法的招标方法集中在一起列出，并做了适当增补。

具体条文如下：

第33条　公开招标、两阶段招标和使用电子逆向拍卖方式的采购中的邀请：

1. 应当在采购条例所确定的出版物上登载公开招标或两阶段招标的投标邀请书以及本法第53条[①]规定的电子逆向拍卖的邀请书。

2. 还应当在国际上登载此种邀请书，以便使国际供应商或承包商能够广泛查取。

3. 采购实体根据本法第18条[②]进行资格预审程序的，本条规定不适用。

4. 在国内采购中，以及在采购实体鉴于采购标的价值低而确定只有国内供应商或承包商才可能有兴趣递交提交书的采购程序中，不应要求采购实体根据本条第2款登载此种邀请书。

第34条　限制性招标、询价、竞争性谈判和单一来源采购中的邀请——采购预告要求：

---

① 第53条为"作为独立采购方法的电子逆向拍卖"。
② 第18条为"资格预审程序"。

1. (a) 采购实体基于本法第 29 条第 1 款（a）项①规定的理由使用限制性招标方式进行采购的，应当向所有能够提供采购标的的供应商和承包商征求投标书；

(b) 采购实体基于本法第 29 条第 1 款（b）项②规定的理由使用限制性招标方式进行采购的，应当以不歧视方式挑选向其征求投标书的供应商或承包商，并应当为确保有效竞争而挑选足够数目的供应商或承包商。

2. 采购实体根据本法第 29 条第 2 款③使用询价方式进行采购的，应当在可行范围内向更多供应商或承包商询价，至少应向三个供应商或承包商询价。

3. 采购实体根据本法第 30 条第 4 款④使用竞争性谈判方式进行采购的，应当为确保有效竞争而与足够数目的供应商或承包商进行谈判。

---

① 第 29 条第 1 款（a）项为：采购标的因其高度复杂性或专门性只能从数目有限的供应商或承包商处获得。

② 第 29 条第 1 款（b）项为：审查和评审大量投标书所需要的时间和费用与采购标的的价值不成比例。

③ 第 29 条第 2 款为：所采购的现成货物或服务并非按采购实体特定说明专门生产或提供，并且已有固定市场的，采购实体可以根据本法第 46 条使用询价方式进行采购，但采购合同的估计价值必须低于采购条例列明的"门槛"金额。

④ 第 30 条第 4 款为：在下列情况下，采购实体可以根据本法第 51 条的规定进行竞争性谈判。(a) 对采购标的的存在紧迫需要，使用公开招标程序或者其他任何竞争性采购方法都将因使用这些方法所涉及的时间而不可行，条件是，造成此种紧迫性的情形既非采购实体所能预见，也非采购实体办事拖延所致；(b) 由于灾难性事件而对采购标的的存在紧迫需要，使用公开招标程序或者其他任何竞争性采购方法都将因使用这些方法所涉及的时间而不可行；或者 (c) 采购实体认定，使用其他任何竞争性采购方法均不适合保护国家基本安全利益。

4. 采购实体根据本法第 30 条第 5 款①进行单一来源采购的，应当向单一供应商或承包商征求建议书或者征求报价。

5. 在根据本条第 1 款、第 3 款和第 4 款的规定直接招标之前，采购实体应当在采购条例所确定的出版物上发布采购公告。采购公告应当至少包含下列内容：

（a）采购实体的名称和地址；

（b）采购程序中拟订立采购合同或框架协议的主要必要条款和条件的概要，包括所需供应货物的性质、数量和交货地，拟实施工程的性质和地点，或者服务性质和服务提供地，以及希望或要求的供货时间、竣工时间或提供服务时间；

（c）根据本法第 8 条做出的声明；和

（d）拟使用的采购方法。

6. 在出现本法第 30 条第 4 款（a）项、第 4 款（b）项和第 5 款（b）项述及的紧迫需要时，本条第 5 款的要求不适用。

第 35 条　征求建议书程序中的邀请：

1. 应当根据本法第 33 条第 1 款和第 2 款登载参加征求建议书程序的邀请书，但下列情形除外：

（a）采购实体根据本法第 18 条进行资格预审程序或者根据本法第 49 条第 3 款进行预选程序的；

（b）符合本条第 2 款规定的条件，采购实体使用直接邀请的；

---

① 第 30 条第 5 款为：在下列特殊情况下，采购实体可以根据本法第 52 条的规定进行单一来源采购。（a）采购标的只能从某一供应商或承包商获得，或者某一供应商或承包商拥有与采购标的相关的专属权，所以不存在其他合理选择或替代物，并且因此不可能使用其他任何采购方法；（b）由于灾难性事件而对采购标的存在极端紧迫需要，使用其他任何采购方法都将因使用这些方法所涉及的时间而不可行；（c）采购实体原先向某一供应商或承包商采购货物、设备、技术或服务的，现因为标准化或者由于需要与现有货物、设备、技术或服务配套，在考虑到原先采购能有效满足采购实体需要、拟议采购与原先采购相比规模有限、价格合理且另选其他货物或服务代替不合适的情况下，采购实体认定必须从原供应商或承包商添购供应品；（d）采购实体认定，使用其他任何采购方法均不适合保护国家基本安全利益；或者（e）向某一供应商或承包商采购系实施本国社会经济政策所必需，条件是向其他任何供应商或承包商采购不能促进该政策，但须［经（颁布国指定的审批机关的名称）批准，并且］事先发布公告并有充分机会进行评议。

或者

（c）在本法第 33 条第 4 款述及的情况下，采购实体决定不根据本法第 33 条第 2 款登载邀请书的。

2. 在下列条件下，采购实体可以在征求建议书程序中使用直接邀请：

（a）只有数目有限的供应商或承包商能够提供拟采购标的，但采购实体须向所有这些供应商或承包商征求建议书；

（b）审查和评审大量建议书所需要的时间和费用与拟采购标的的价值不成比例，但采购实体须为确保有效竞争而向足够数目的供应商或承包商征求建议书，并应当以不歧视方式挑选向其征求建议书的供应商或承包商；或者

（c）采购涉及机密信息，但采购实体须为确保有效竞争而向足够数目的供应商或承包商征求建议书。

3. 采购实体应当在本法第 25 条要求的记录中载列关于采购实体在征求建议书程序中使用直接邀请所依据的理由和情形的说明。

4. 采购实体在征求建议书程序中使用直接邀请的，应当根据本法第 34 条第 5 款列明的要求发布采购公告。

相对于旧版中分散在各种采购方式中的采购邀请和通知规定，新版采用归集方式将所有采购方式的邀请方式集中起来，特别是用同一法律条款对某些可以采用同样邀请和通知的采购方式进行规定，简化了法律条文，使法律条文更加清晰易懂。

四、对招标文件应包含的内容进行了修订

《公共采购示范法》第三章为"公开招标采购"，其中第 39 条为"招标文件的内容"。

本条与旧版第 27 条相比较，旧版列出了（a）～（z）项应包含的内容，新版列出（a）～（x）项应包含的内容，删除了旧版的第

（v）项①和第（x）项②，同时更新了旧版第（w）项，变为新版第（v）项，加入了对于不适用停顿期的说明。

具体条文如下：

（v）关于本法第 64 条③规定的对所指称的采购实体不遵守本法规定的决定或行动提出质疑或上诉的权利的通知，其中列明可适用的停顿期期限，不适用任何停顿期的，关于这方面不适用停顿期的理由的说明；

此部分是对公开招标进行的规定，相对于其他采购方式，此次对公开招标采购方式的修订内容并不多，一定程度上可能是因为这种采购方式相对来说比较成熟。

五、新增了三种新的采购程序

（一）新增"不通过谈判征求建议书"采购程序

《公共采购示范法》第四章为"限制性招标、询价和不通过谈判征求建议书"，其中第 47 条为"不通过谈判征求建议书"。

本条与旧版第四章"服务采购的主要方法"的第 38 条"邀请服务建议书的内容"相比较，对邀请书内容的要求基本不变，新增了对"建议征求书"的规定。新版第 47 条第 3 款指出采购实体发放建议征求书的三种情况：一是采用"不通过谈判征求建议书"程序的，应发放给按照邀请书中列明的程序和要求对邀请书做出答复的每一个供应商或承包商；二是有资格预审程序的，发放给通过了资格预审的

---

① 具体内容为：由供应商或承包商在采购合同范围外做出的任何承诺，如关于对销贸易或技术转让的承诺。

② 具体内容为：如采购实体保留按照第 12 条规定拒绝全部投标的权利，对此做出的声明。

③ 第 64 条为"质疑和上诉权"，明确了供应商或承包商可以质疑有关的决定或行动，提起质疑程序的方式可以是"向采购实体提出重新审议申请""向独立机构提出复议申请"或者"向法院提出申请或上诉"，供应商或承包商不服质疑程序中做出的任何决定，可以向法院提出上诉。

每一个供应商或承包商；三是采用直接邀请方式的，发放给采购实体所选出的每一个供应商或承包商。

相关具体条款如下：

3. 采购实体应当将建议征求书发给：

（a）根据本法第35条第1款登载了参加不通过谈判征求建议书程序邀请书的，按照邀请书中列明的程序和要求对邀请书做出答复的每一个供应商或承包商；

（b）有资格预审的，根据本法第18条通过了资格预审的每一个供应商或承包商；

（c）根据本法第35条第2款使用直接邀请的，采购实体所选出的每一个供应商或承包商；

上述供应商或承包商均须支付可能对建议征求书收取的费用。采购实体对建议征求书的收费价格，只能是向供应商或承包商提供建议征求书的工本费。

同时新版第47条第4款列出了建议征求书应包含的内容，除了与本条第2款"邀请书"（a）～（e）和（k）项对应的6项①，还需要包含另外（a）～（j）项共计10项内容，具体条文为：

4. 建议征求书除列入本条第2款（a）～（e）项和（k）项中述及的内容外，还应当包括下列内容：

（a）关于编写和递交建议书的说明，包括供应商或承包商用两个信封同时向采购实体递交建议书的说明：一个信封装建议书的技术特点、质量特点和性能特点内容，另一个信封装建议书的财务方面内容；

_____

① 这6项分别为：（a）采购实体的名称和地址；（b）符合本法第10条规定的采购标的详细说明，以及希望或要求提供此种采购标的的时间和地点；（c）采购合同条款和条件（以采购实体知道的范围为限），以及将由各方当事人签署的任何合同表格；（d）符合本法第9条规定的用以确定供应商或承包商资格的标准和程序，以及供应商或承包商证明其资质必须提交的任何书面证据或其他资料；（e）本法第10条和第11条对开启建议书以及对审查和评审建议书规定的标准和程序，包括根据本法第10条认为建议书具响应性而必须在技术特点、质量特点和性能特点上达到的最低限要求，以及关于以不具响应性否决未达到这些要求的建议书的说明；（k）建议书的递交方式、地点和截止时间。

（b）允许供应商或承包商只对采购标的某一部分递交建议书的，对可递交建议书的部分做出的说明；

（c）拟订和表示建议书价格所使用的一种或几种货币、评审建议书所使用的货币，以及将建议书价格换算成该币种所使用的汇率，或者关于将使用某指定金融机构公布的某一规定日期现行汇率的说明；

（d）建议书价格的拟订和表示方式，包括关于该价格除采购标的费用本身之外是否包含其他要素的说明，例如，对运输、住宿、保险、设备使用、关税或其他税项的补偿；

（e）供应商或承包商根据本法第 15 条请求澄清建议征求书可使用的方式，以及关于采购实体是否打算在此阶段召开供应商或承包商会议的说明；

（f）对本法、采购条例和与采购程序直接相关的其他法律条例的提及，包括对涉及机密信息的采购所适用的法律条例的提及，以及这些法律条例的出处；

（g）在没有中间人介入的情况下，采购实体负责就采购程序与供应商或承包商直接通信并直接接收供应商或承包商来信的一名或多名官员或雇员的姓名、职称和地址；

（h）关于本法第 64 条规定的对所指称的采购实体不遵守本法规定的决定或行动提出质疑或上诉的权利的通知，其中列明可适用的停顿期期限，不适用任何停顿期的，关于这方面不适用停顿期的理由的说明；

（i）中选建议书被接受后为使采购合同生效而必须履行的任何手续，适用的，包括根据本法第 22 条签署一项书面采购合同和报请另一机关批准，以及接受通知书发出后获得批准估计需要的时间期限；

（j）采购实体根据本法和采购条例可以就建议书的编写和递交以及采购程序规定的其他任何要求。

新版对于"建议书"的评审做了详细说明，分布在第 5 款、第 7 款、第 8 款。

5. 在装有建议书财务方面内容的信封拆封之前，采购实体应当按照建议征求书中列明的标准和程序，审查和评审建议书的技术特点、质量特点和性能特点。

7. 建议书的技术特点、质量特点和性能特点未达到有关的最低限要求的，该建议书应当视为不具响应性，并应当以此为由被否决。否决和否决理由通知书，连同装有建议书财务方面内容的未拆封信封，应当迅速分送建议书被否决的每一个供应商或承包商。

8. 建议书的技术特点、质量特点和性能特点达到或超过有关的最低限要求的，该建议书应当视为具响应性。采购实体应当迅速向递交了此种建议书的供应商或承包商告知其各自建议书技术特点、质量特点和性能特点的得分。采购实体应当邀请所有此种供应商或承包商参加装有其建议书财务方面内容的信封的拆封。

可见，由于"不通过谈判征求建议书"为新增的一种采购方式，对这种采购方式的程序在新版《公共采购示范法》中有较详细的描述，新增采购方式，增加了采购实体在采购方式选择上的灵活性。

（二）新增"通过对话征求建议书"程序

《公共采购示范法》第五章为"两阶段招标采购、通过对话征求建议书、通过顺序谈判征求建议书、竞争性谈判、单一来源采购"，其中第49条为"通过对话征求建议书"。

本条对邀请书、建议征求书内容的要求与第四章对"不通过谈判征求建议书"的要求类似，不同之处是第5款（g）项要求建议征求书应该包含三项内容：一是要说明采购实体打算限制被邀请参加对话的供应商或承包商数目的；二是要明确被邀请参加对话的供应商或承包商的最低数目，可能情况下不应低于三个；三是要约定供应商或承包商的最高限数，而且要明确按照本法规定所应遵循的选定最低数目或最高限数的标准和程序。第6款（b）项对于当具响应性建议书超过最高限数的情况下该如何除了做了说明，即对可被邀请参加对话的供应商或承包商规定了最高限数，而具响应性建议书的数量超过该最高限数的，采购实体应当按照建议征求书列明的标准和程序选择最高限数的具响应性建议书。即最终参加对话的供应商或承包商数量不能超过限数。第 8 款规定，为确保公平、标准一致，采购实体应确保与所有供应商或承包商对话的代表始终一致，并且应在同一时间进行对话。第 11 款规定，采购实体应在对话后邀请所有符合条件的供应商或承包商提出最终报盘。第 12 款规定，在供应商或承包商提出最终报盘后，采购实体不得再与之进行谈判。

具体条款规定如下：

5.（g）采购实体打算限制被邀请参加对话的供应商或承包商数目的，供应商或承包商的最低数目，可能情况下不应低于三个，酌定供应商或承包商的最高限数，以及按照本法规定所应遵循的选定最低数目或最高限数的标准和程序；

6.（b）对可被邀请参加对话的供应商或承包商规定了最高限数，而具响应性建议书的数量超过该最高限数的，采购实体应当按照建议征求书列明的标准和程序选择最高限数的具响应性建议书；

8. 采购实体应当分派若干位相同代表，在同一时间进行对话。

11. 对话之后，采购实体应当请所有仍在程序中的供应商或承包商就其建议书的所有方面提出最佳和最终报盘。该请求应当采用书面形式，并应当具体说明提出最佳和最终报盘的方式、地点和截止时间。

12. 采购实体不得就供应商或承包商提出的最佳和最终报盘与其进行谈判。

（三）新增"通过顺序谈判征求建议书"程序

《公共采购示范法》第五章第 50 条为"通过顺序谈判征求建议书"。

此种方法先对具响应性的建议书的技术进行排名，然后邀请最佳排名的供应商或承包商就财务方面进行谈判，谈判按照排名高低顺序进行。与前两种征求建议书都有所区别，不谈判征求建议书是直接比较技术条件，再比较财务方面；通过对话征求建议书是就建议书的所有方面进行谈话。第 6 款强调，采购实体与任何供应商或承包商终止谈判后，不得再与其重新进行谈判。

新增具体条款如下：

2. 建议书的技术特点、质量特点和性能特点达到或超过有关的最低限要求的，该建议书应当视为具响应性。采购实体应当按照建议征求书列明的建议书评审标准和程序对每项具响应性建议书进行排名，并应当：

（a）迅速向每一个递交了具响应性建议书的供应商或承包商告知其各自建议书技术特点、质量特点和性能特点的得分和排名；

（b）邀请按照这些标准和程序取得最佳排名的供应商或承包商就其建议书的财务方面进行谈判；并且

（c）告知递交了具响应性建议书的其他供应商或承包商，可能考虑在与排名靠前的一个或多个供应商或承包商谈判未产生采购合同的情况下就其建议书进行谈判。

4. 采购实体随后应当邀请排名次高的供应商或承包商进行谈判；如果与该供应商或承包商谈判未产生采购合同，采购实体应当根据排名顺序，邀请其他仍然参加采购程序的供应商或承包商进行谈判，直至达成采购合同或否决其余所有建议书。

5. 谈判过程中，采购实体不得修改采购标的；不得修改任何资格标准、审查标准或评审标准，包括所规定的任何最低限要求；不得修改采购标的说明的任何要素；除属于建议征求书所列明的谈判内容的建议书财务方面之外，也不得修改采购合同条款和条件。

6. 采购实体与任何供应商或承包商终止谈判后不得与其重新进行谈判。

如同"通过对话征求建议书"一样，作为一种新的采购方式，《公共采购示范法》对"通过顺序谈判征求建议书"程序进行了相对详细的规定，特别是规定谈判过程中不能随意改变采购标的、资格或者评审标准以及合同条款等。

六、新增专章"电子逆向拍卖"采购程序

《公共采购示范法》第六章为"电子逆向拍卖"。

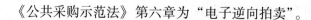

本章为新增章节，包括从第 53~57 条，分别为：作为独立采购方法的电子逆向拍卖（第 53 条）；作为授予采购合同前的一个阶段的电子逆向拍卖（第 54 条）；电子逆向拍卖的登记和举行拍卖的时间（第 55 条）；电子逆向拍卖期间的要求（第 56 条）；电子逆向拍卖结束后的要求（第 57 条）。这些条款详细说明了电子逆向拍卖采购方式的应用及程序安排。

（一）电子逆向拍卖可以作为一种独立的采购方式

第 53 条第 1 款规定了电子逆向拍卖邀请书应该包含的内容，其中（g）项指出应包含拍卖期间评审程序将使用的任何数学计算公式；（l）项指出应该包含如何接入拍卖程序，包括关于连线拍卖的适当信息；（o）项指出应该包含结束拍卖所适用的标准。第 2 款规定采购实体可以对能够登记参加电子逆向拍卖的供应商或承包商规定最高限数，但只能是在由于采购实体通信系统能力的局限性而必须作此限制的范围内，并应当以不歧视方式挑选能够进行这种登记的供应商或承包商。第 3 款规定可以在电子逆向拍卖之前审核或评审初步出价，此种情况下，拍卖邀请书应该包含初步出价邀请书等内容。第 4 款规定进行了初步出价审核的，采购实体应该迅速将评审结果等信息告知被否决的和合格的供应商或承包商。

具体条款为：

1. 采购实体征求出价，应当根据本法第 33 条登载电子逆向拍卖邀请书。邀请书的内容应当包括：

（a）采购实体的名称和地址；

（b）符合本法第 10 条①规定的采购标的详细说明，以及希望或要求提供此种采购标的的时间和地点；

（c）采购合同条款和条件（以采购实体知道者为限），以及将由各方当事人签署的任何合同表格；

（d）根据本法第 8 条做出的声明；

_____

① 第 10 条为：关于采购标的的说明以及采购合同或框架协议条款和条件的规则。

（e）符合本法第9条规定的用以确定供应商或承包商资格的标准和程序，以及供应商或承包商证明其资质必须提交的任何书面证据或其他资料；

（f）根据采购标的说明审查出价的标准和程序；

（g）根据本法第11条评审出价的标准和程序，包括拍卖期间评审程序将使用的任何数学计算公式；

（h）出价价格的拟订和表示方式，包括关于该价格除采购标的本身费用之外是否包含其他要素的说明，例如，任何适用的运费、保险费、关税和其他税项；

（i）拟订和表示出价价格所使用的一种或几种货币；

（j）为举行拍卖而对登记参加拍卖的供应商或承包商规定了最低数目的，该数目应当足以确保有效竞争；

（k）根据本条第2款对能够登记参加拍卖的供应商或承包商规定了限数的，相关的最高限数，以及选定最高限数所应遵循的符合本条第2款的标准和程序；

（l）如何接入拍卖程序，包括关于连线拍卖的适当信息；

（m）供应商或承包商必须登记参加拍卖的截止时间和登记要求；

（n）拍卖开始日期和时间，以及对拍卖开始时确认出价人身份的要求；

（o）结束拍卖所适用的标准；

（p）进行拍卖的其他规则，包括拍卖过程中将向出价人提供的信息、提供信息所使用的语文以及出价人能够出价的条件；

（q）对本法、采购条例和与采购程序直接相关的其他法律条例的提及，包括对涉及机密信息的采购所适用的法律条例的提及，以及这些法律条例的出处；

（r）供应商或承包商请求澄清采购程序相关信息可采用的方式；

（s）在没有中间人介入的情况下，采购实体负责就拍卖前和拍卖后的采购程序与供应商或承包商直接通信并直接接收供应商或承包商来信的一名或多名官员或雇员的姓名、职称和地址；

（t）关于本法第64条规定的对所指称的采购实体不遵守本法规

定的决定或行动提出质疑或上诉的权利的通知，其中列明可适用的停顿期期限，不适用任何停顿期的，关于这方面不适用停顿期的理由的说明；

（u）拍卖之后为使采购合同生效而必须履行的任何手续，适用的，包括根据本法第 57 条确定资格或响应性，以及根据本法第 22 条签署一项书面采购合同；

（v）采购实体根据本法和有关采购程序的采购条例提出的其他任何要求。

2. 采购实体可以对能够登记参加电子逆向拍卖的供应商或承包商规定最高限数，但只能是在由于采购实体通信系统能力的局限性而必须作此限制的范围内，并应当以不歧视方式挑选能够进行这种登记的供应商或承包商。采购实体应当在本法第 25 条要求的记录中载列关于采购实体规定此种最高限数所依据的理由和情形的说明。

3. 采购实体可以根据特定采购的情形，决定在电子逆向拍卖之前审查或评审初步出价。在这种情况下，拍卖邀请书除列入本条第 1 款列出的内容之外还应当包括：

（a）初步出价邀请书，附带初步出价编写说明；

（b）初步出价的递交方式、地点和截止时间。

4. 电子逆向拍卖之前对初步出价进行了审查或评审的，采购实体应当在初步出价审查或评审完成后：

（a）迅速将否决和否决理由通知书分送初步出价被否决的每一个供应商或承包商；

（b）迅速向初步出价具响应性的每一个合格的供应商或承包商发出拍卖邀请书，提供与参加拍卖有关的一切必要信息；

（c）初步出价经过评审的，每份拍卖邀请书还应当随附与被邀请供应商或承包商有关的评审结果。

（二）电子逆向拍卖可以作为合同授予前的一个阶段方法

第 54 条第 1 款说明了电子逆向拍卖可以作为授予采购合同前的

一个阶段的方法，例如，在有第二阶段竞争的框架协议程序。第 2 款规定拍卖邀请书的内容，和第 53 条类似。第 3 款指出初步出价经过评审的，每份拍卖邀请书还应当随附与被邀请供应商或承包商有关的评审结果。

具体条款为：

1. 在酌情使用的采购方法中，或者在有第二阶段竞争的框架协议程序中，如果作为授予采购合同前的一个阶段使用电子逆向拍卖，采购实体应当在邀请供应商或承包商参加采购程序之初通知其将举行拍卖，除提供根据本法规定应列入的其他信息之外，还应当提供下列关于拍卖的信息：

（a）拍卖期间评审程序将使用的数学计算公式；

（b）如何接入拍卖程序，包括关于连线拍卖的适当信息。

2. 举行电子逆向拍卖之前，采购实体应当向所有仍在程序中的供应商或承包商发出拍卖邀请书，列明：

（a）供应商或承包商必须登记参加拍卖的截止时间和登记要求；

（b）拍卖开始日期和时间，以及对拍卖开始时确认出价人身份的要求；

（c）结束拍卖所适用的标准；

（d）施行拍卖的其他规则，包括拍卖过程中将向出价人提供的信息以及出价人能够出价的条件。

3. 初步出价经过评审的，每份拍卖邀请书还应当随附与被邀请供应商或承包商有关的评审结果。

（三）确定电子逆向拍卖的登记和举行拍卖的时间

第 55 条规定，向登记参加拍卖的供应商或承包商发出确认函必须及时，若登记的供应商或承包商数量不满足竞争条件，可以取消后续进程，若满足竞争条件，则必须给供应商留出足够的时间准备拍卖。具体条文为：

1. 应当迅速向每一个已经登记的供应商或承包商发出电子逆向拍卖登记确认函。

2. 登记参加电子逆向拍卖的供应商或承包商的数目不足以确保有效竞争的，采购实体可以取消拍卖。应当迅速向每一个已经登记的供应商或承包商发出取消拍卖通知。

3. 在顾及采购实体合理需要的情况下，自发出电子逆向拍卖邀请书至举行拍卖，应当有足够时间让供应商或承包商做拍卖准备。

（四）电子逆向拍卖程序进行期间的要求

第 56 条第 1 款指出电子逆向拍卖依据的标准应为价格或者是价格与其他标准的综合考虑。第 2 款对拍卖期间的出价、评审、信息做了规定。第三款要求采购实体要对出价人的身份负有保密义务。第 4 款规定了"拍卖"结束的标准。第 5 款规定了什么情况下电子拍卖需"暂停"或者"终止"。

具体条款为：

1. 电子逆向拍卖依据的标准：

（a）在采购合同授予最低出价的情况下，应当是价格；或者

（b）在采购合同授予最有利出价的情况下，应当是价格结合本法第 53 条和第 54 条对供应商或承包商规定的其他标准（以适用者为准）。

2. 拍卖期间：

（a）所有出价人均应当有同等、连续的机会递交出价；

（b）所有出价应当自动评审，评审依据是根据本法第 53 条和第 54 条向供应商或承包商提供的标准、程序和公式（以适用者为准）；

（c）必须让每一个出价人在拍卖期间即时、连续收到充分信息，使其能够确定本出价相对于其他出价的位置；

（d）除本款（a）项和（c）项另有规定外，采购实体与出价人之间不得进行通信，出价人之间也不得进行通信。

3. 采购实体不得在拍卖期间披露任何出价人的身份。

4. 应当按照本法第 53 条和第 54 条对供应商或承包商规定的标准（以适用者为准）结束拍卖。

5. 在采购实体的通信系统出现故障，可能影响拍卖正常进行的

情况下，采购实体应当暂停或终止拍卖，或者由于拍卖施行规则规定的其他原因，采购实体也应当暂停或终止拍卖。暂停或终止拍卖的，采购实体不得披露任何出价人的身份。

（五）电子逆向拍卖结束后的要求

第57条第1款规定了电子逆向拍卖的择优标准为"最低出价或最有利出价"。第2款规定拍卖之前如果没有对初步出价进行审查或评审的，采购实体应当在确定中选出价后审核该供应商或承包商的资格，并详细规定了资格审查的规则。第3款强调，中选价异常偏低时，采购实体可以否决该出价，选择次低出价或次有利出价，同时采购实体有权利取消采购，这实际上是对"异常低价"的否决。

具体条款为：

1. 中选出价应当是电子逆向拍卖结束时的最低出价或最有利出价，以适用者为准。

2. 在使用拍卖方式的采购中，拍卖之前不对初步出价进行审查或评审的，采购实体应当在拍卖之后确定中选出价的响应性和递交了该出价的供应商或承包商的资格。采购实体认为该出价不具响应性，或者认为递交该出价的供应商或承包商不合格的，应当否决该出价。在不影响采购实体根据本法第19条第1款取消采购的权利的情况下，采购实体应当选择拍卖结束时的次低出价或次有利出价，条件是确定该出价具响应性并且确定递交该出价的供应商或承包商合格。

3. 采购实体认为拍卖结束时的中选出价异常偏低，由此引起采购实体对该出价递交人履行采购合同能力关切的，采购实体可以采用本法第20条所说明的程序。如果采购实体根据本法第20条以其价格异常偏低否决该出价，采购实体应当选择拍卖结束时的次低出价或次有利出价。本规定不影响采购实体根据本法第19条第1款取消采购的权利。

该章详细规定了电子逆向拍卖程序，这也是示范法此次修订力推的一项改革。其适应了全球电子采购的发展，也是提高政府采购制度效率的一项重要举措。

七、新增专章"框架协议程序"

《公共采购示范法》第七章为"框架协议程序"。

本章为新增章节，包括从第58～63条，分别为：封闭式框架协议的授予（第58条）、封闭式框架协议的要求（第59条）、开放式框架协议的确立（第60条）、开放式框架协议的要求（第61条）、框架协议程序的第二阶段（第62条）、框架协议运作期间的改动（第63条）。

（一）封闭式框架协议

第58条规定了"封闭式框架协议的授予"。第1款指出采购实体应在满足前面章节关于公开招标或其他采购方法规定的基础上，授予封闭式框架协议。第2款规定采购实体在协议授予之前，除向供应商或承包商提供基本信息之外，还应该告知：采购将采用封闭式框架协议程序、拟与多少个供应商或承包商订立框架协议、框架协议的形式、条款和条件。第3款指出本法第22条的规定，应当经变通后适用于授予封闭式框架协议。

具体条文为：

1. 采购实体应当以下述方式授予封闭式框架协议：

（a）本法第三章的规定，在本章中未减损的，根据这些规定使用公开招标程序；或者

（b）本法第二章、第四章和第五章的有关规定，在本章中未减损的，根据这些规定使用其他采购方法。

2. 本法有关资格预审的规定以及有关本条第1款述及的采购方法中招标内容的规定，应当经变通后适用于邀请供应商或承包商参加封闭式框架协议程序之初应向其提供的信息。除这些信息之外，采购实体在这一阶段还应当做出下述具体规定：

（a）采购将作为框架协议程序进行，由此产生封闭式框架协议；

（b）与一个还是与不止一个供应商或承包商订立框架协议；

（c）与不止一个供应商或承包商订立框架协议的，将加入框架协议的供应商或承包商的最低数目或最高数目；

（d）本法第 59 条规定的框架协议的形式、条款和条件。

3. 本法第 22 条的规定，应当经变通后适用于授予封闭式框架协议。

第 59 条规定了"封闭式框架协议的要求"。第 1 款规定了封闭式框架协议应当以书面形式订立，以及应该载明的内容。包括框架协议的期限、采购标的的说明、采购条款或条件等。第 2 款指出与不止一个供应商或承包商订立封闭式框架协议，应当视为所有当事人之间订立了一项协议，同时列出了两种不适用的情况。第 3 款指出，除上述应列明的内容外，采用封闭式框架协议的，还应该列明其他需要确保该程序有效进行的信息。

1. 封闭式框架协议应当以书面形式订立，并应当载明：

（a）框架协议期限，该期限不应超过采购条例确定的最长期限；

（b）采购标的说明以及确立框架协议时已经确定的其他所有采购条款和条件；

（c）确立框架协议时无法充分准确确定采购条款和条件的，在已经知道的范围内对此种条款和条件的估计；

（d）与不止一个供应商或承包商订立封闭式框架协议的，是否进行第二阶段竞争以授予框架协议下的采购合同，如果进行第二阶段竞争：

● 关于拟通过第二阶段竞争加以确定或细化的采购条款和条件的说明；

● 任何第二阶段竞争的程序和预期频度，以及第二阶段提交书的预计递交截止时间；

● 根据本法第 10 条和第 11 条①，第二阶段竞争期间将适用的程序和标准，包括此种标准的相对权重以及适用此种标准的方式。第二阶段竞争期间可以变更评审标准相对权重的，框架协议应当具体指明

① 第 11 条为：关于评审标准和程序的规则。

可变范围；

（e）框架协议下的采购合同将授予价格最低的提交书还是最有利的提交书；和

（f）采购合同的授予方式。

2. 与不止一个供应商或承包商订立封闭式框架协议，应当视为所有当事人之间订立了一项协议，除非：

（a）采购实体确信与框架协议的任何供应商或承包商当事人订立单独协议符合该当事人的利益；

（b）采购实体在本法第25条要求的记录中载列关于采购实体订立单独协议所依据的理由和情形的说明；并且

（c）一项特定采购的多项单独协议在条款和条件上的差异细微，且只涉及那些订立单独协议所依据的规定。

3. 除本条已列明的信息外，框架协议还应当包含框架协议有效运作所必需的一切信息，其中包括如何查取该协议和该协议下即将授予采购合同的通知，以及适用的有关连接（connection）的适当信息。

（二）开放式框架协议

第60条规定了"开放式框架协议的授予"。第1款指出采购实体应当采用网络方式确立和维持开放式框架协议。第2款指出采用这种方式应该发布开放式框架协议邀请书。第3款规定了加入开放式框架协议邀请书应当包括的内容。第4款规定开放式框架协议可以在运作期间随时加入。第5款规定了采购实体审查临时提交书的时间限制。第6款规定应当与所有递交了提交书的合格供应商或承包商订立框架协议，除非根据加入开放式框架协议邀请书中列明的理由否决了其提交书。同时，第7款指出采购实体可以对开放式框架协议的当事人规定最高限数，但只能是在由于采购实体通信系统能力的局限性而必须作此限制的范围内，并应当以不歧视方式挑选可加入开放式框架协议的供应商或承包商。第8款规定应通知供应商或承包商是否能够参与框架协议程序，如不能还需要说明理由。

具体条款为：

1. 采购实体应当在网上确立和维持开放式框架协议。

2. 采购实体邀请参加开放式框架协议程序，应当按照本法第33条的要求登载加入开放式框架协议的邀请书。

3. 加入开放式框架协议邀请书应当包括下列内容：

（a）确立和维持开放式框架协议的采购实体的名称和地址，以及将有权授予框架协议下采购合同的其他任何采购实体的名称和地址；

（b）采购将作为框架协议程序进行，由此产生开放式框架协议；

（c）开放式框架协议所使用的一种（或几种）语言，以及关于该协议运作的所有信息，其中包括如何查取该协议和该协议下即将授予采购合同的通知，还有关于连接的适当信息；

（d）接受供应商或承包商加入开放式框架协议的条款和条件，其中包括：

● 根据本法第8条做出的声明；

● 根据本条第7款对加入开放式框架协议的供应商或承包商规定任何最高限数的，相关的最高限数，以及选定最高限数所应遵循的符合本条第7款的标准和程序；

● 关于编写和递交加入开放式框架协议所必需的临时提交书的说明，包括拟使用的一种或几种货币和一种（或几种）语言，以及符合本法第9条规定的用以确定供应商或承包商资格的标准和程序及供应商或承包商证明其资质必须提交的任何书面证据或其他资料；

● 关于供应商或承包商可以在不超出可能规定的供应商或承包商最高限数并根据本法第8条做出任何声明的情况下在框架协议运作期间随时通过递交临时提交书的方式申请加入框架协议的明确声明；

（e）开放式框架协议的其他条款和条件，包括本法第61条要求列入开放式框架协议的所有信息；

（f）对本法、采购条例和与采购程序直接相关的其他法律条例的提及，包括对涉及机密信息的采购所适用的法律条例的提及，以及这些法律条例的出处；

（g）在没有中间人介入的情况下，采购实体负责就采购程序与供应商或承包商直接通信并直接接收供应商或承包商来信的一名或多名官员或雇员的姓名、职称和地址。

4. 供应商或承包商可以按照加入开放式框架协议邀请书的要求,在框架协议运作期间随时通过向采购实体递交临时提交书的方式申请加入开放式框架协议。

5. 采购实体应当按照加入开放式框架协议邀请书中列明的程序,最多在……个工作日［颁布国列明最长期限］内审查在框架协议运作期间收到的所有临时提交书。

6. 应当与所有递交了提交书的合格供应商或承包商订立框架协议,除非根据加入开放式框架协议邀请书中列明的理由否决了其提交书。

7. 采购实体可以对开放式框架协议的当事人规定最高限数,但只能是在由于采购实体通信系统能力的局限性而必须作此限制的范围内,并应当以不歧视方式挑选可加入开放式框架协议的供应商或承包商。采购实体应当在本法第 25 条要求的记录中载列关于采购实体规定此种最高限数所依据的理由和情形的说明。

8. 采购实体应当迅速通知供应商或承包商是否已能加入框架协议以及未能加入框架协议者的临时提交书被否决的理由。

第 61 条规定了"开放式框架协议的要求"。第 1 款规定开放式框架协议应该对第二阶段竞争做出说明,与封闭式类似。第 2 款规定在开放式框架协议整个运作期间,采购实体应当至少每年重新登载加入开放式框架协议邀请书,并应确保对框架协议条款和条件以及与框架协议运作有关的其他任何必要信息的不受限制、直接和充分查取。

具体条款为:

1. 开放式框架协议应当就授予开放式框架协议下采购合同的第二阶段竞争作出规定,其中应当包括:

(a) 框架协议期限;

(b) 采购标的说明以及确立开放式框架协议时已经知道的其他所有采购条款和条件;

(c) 可以通过第二阶段竞争加以细化的任何采购条款和条件;

（d）第二阶段竞争的程序和预期频度；

（e）框架协议下的采购合同将授予价格最低的提交书还是最有利的提交书；

（f）根据本法第 10 条和第 11 条，第二阶段竞争期间将适用的程序和标准，包括评审标准的相对权重以及适用这些标准的方式。第二阶段竞争期间可以变更评审标准相对权重的，框架协议应当具体指明可变范围。

2. 在开放式框架协议整个运作期间，采购实体应当至少每年重新登载加入开放式框架协议邀请书，并应确保对框架协议条款和条件以及与框架协议运作有关的其他任何必要信息的不受限制、直接和充分查取。

（三）框架协议程序的第二阶段

第 62 条为"框架协议程序的第二阶段"。第 1 款规定应该按照协议条款授予采购合同。第 2 款规定在框架采购协议下只能将采购合同授予加入该框架协议的供应商或承包商。第 3 款规定在无第二阶段竞争的框架协议下，中选提交书的接受应当适用本法第 22 条的规定（其中第 2 款除外）。第 4 款规定在有第二阶段竞争封闭式框架协议下以及在开放式框架协议下，采购合同的授予应当遵循的程序。

具体条文为：

1. 应当根据框架协议的条款和条件以及本条的规定，授予框架协议下的任何采购合同。

2. 框架协议下的任何采购合同只可授予加入该框架协议的供应商或承包商。

3. 在无第二阶段竞争的框架协议下，中选提交书的接受应当适用本法第 22 条的规定，其中第 2 款除外。

4. 在有第二阶段竞争封闭式框架协议下以及在开放式框架协议下，采购合同的授予应当适用下列程序：

（a）采购实体应当向以下各方同时发出递交提交书的书面邀请：

● 框架协议的每一个供应商或承包商当事人；或者

• 只限于当时有能力满足采购实体对采购标的需要的框架协议的供应商或承包商当事人，条件是，与此同时，向框架协议的所有当事人发出第二阶段竞争通知，从而使其有机会参加第二阶段竞争；

（b）递交提交书的邀请书应当包括下列内容：

• 对拟列入预期采购合同的框架协议现有条款和条件的重新申明、对第二阶段须确定的采购条款和条件的说明，以及这些条款和条件必要的更具体内容；

• 对预期采购合同的授标标准（包括其相对权重及其适用方式）和程序的重新申明；

• 提交书编写说明；

• 提交书的递交方式、地点和截止时间；

• 允许供应商或承包商只对采购标的某一部分递交提交书的，对可递交提交书的部分做出的说明；

• 提交书价格的拟订和表示方式，包括关于该价格除采购标的本身费用之外是否包含其他要素的说明，例如，任何适用的运费、保险费、关税和其他税项；

• 对本法、采购条例和与采购程序直接相关的其他法律条例的提及，包括对涉及机密信息的采购所适用的法律条例的提及，以及这些法律条例的出处；

• 在没有中间人介入的情况下，采购实体负责就第二阶段竞争与供应商或承包商直接通信并直接接收供应商或承包商来信的一名或多名官员或雇员的姓名、职称和地址；

• 关于本法第64条规定的对所指称的采购实体不遵守本法规定的决定或行动提出质疑或上诉的权利的通知，其中列明可适用的停顿期期限，不适用任何停顿期的，关于这方面不适用停顿期的理由的说明；

• 中选提交书被接受后为使采购合同生效而必须履行的任何手续，适用的，包括根据本法第22条签署一项书面采购合同；

• 采购实体根据本法和采购条例就提交书的编写和递交以及第二阶段竞争其他方面规定的其他任何要求；

（c）采购实体应当按照递交提交书邀请书中列明的评审标准和程序，评审所有收到的提交书并确定中选提交书；

（d）采购实体应当根据本法第 22 条接受中选提交书。

（四）框架协议运作期间的改动

第 63 条规定框架协议运作期间，不允许对采购标的说明作任何改动。对于其他采购条款和条件，包括预期采购合同的授标标准（及其相对权重和适用方式）和程序，只能在框架协议明文允许的范围内加以改动。

八、新增关于质疑效力的规定

《公共采购示范法》第八章第 65 条为"质疑的效力"。

新版增加了此条，其第 1 款规定了采购合同或框架协议不得生效的情形，包括收到重新审议申请书、复议申请通知书或上诉通知书。而第 3 款（a）项指出采购实体可以随时以紧急公共利益考虑要求订立采购合同或框架协议为由，请求［独立机构名称］或［法院名称］授权采购实体订立采购合同或框架协议。此条可以防止某些紧急采购因受到质疑而长期停滞。

具体条款规定如下：

1. 有下列情形之一的，采购实体不得采取任何步骤，使有关采购程序中的采购合同或框架协议生效：

（a）采购实体在第 66 条第 2 款①规定的期限内收到了重新审议申请书；

（b）采购实体收到了［独立机构名称］根据第 67 条第 5 款（b）项②发来的复议申请通知书；或者

（c）采购实体收到了［法院名称］发来的申请通知书或上诉通

---

① 此款规定了复议申请应当在什么时间内书面提交给采购实体。
② 参见下文（二十四）。

知书。

2. 在采购实体、[独立机构名称] 或 [法院名称] 的决定发给申请人或上诉人（两者视情况而定）、采购实体（如果适用）和质疑程序中的其他所有参与方之后……个工作日 [颁布国列明期限] 内，第 1 款述及的禁止规定即告失效。

3. （a）采购实体可以随时以紧迫公共利益考虑要求订立采购合同或框架协议为由，请求 [独立机构名称] 或 [法院名称] 授权采购实体订立采购合同或框架协议；

（b）如果 [独立机构名称] 认定紧迫公共利益考虑要求订立采购合同或框架协议，[独立机构名称] 可以在审议此种请求时 [或者自行提议]，授权采购实体订立采购合同或框架协议。[独立机构名称] 的决定及其理由应当成为采购程序纪录的一部分，并应当迅速告知采购实体、申请人、质疑程序的其他所有参与方以及采购程序的其他所有参与方。

九、新增停顿期后受理复议申请的规定

《公共采购示范法》第八章第 67 条为"向独立机构提出复议申请"。

本条第 2 款（c）点指出：具体条款如下：

（c）虽有本款（b）项第（一）目的规定，供应商或承包商仍然可以以一项申请引起重大公共利益考虑为由，请求 [独立机构名称] 受理在停顿期期满后提出的复议申请，但不得迟于采购合同或框架协议生效 [或者取消采购的决定] 之后……个工作日 [颁布国列明期限] 提出该请求。[独立机构名称] 可以受理该申请，唯须认定重大公共利益考虑要求这样做。[独立机构名称] 的决定及其理由应当迅速告知有关供应商或承包商。

可见，在涉及重大公共利益时，各国可以规定，对于供应商或者承包商在停顿期（公示期）结束后、在采购合同或者框架协议生效后的一定期间内提出的复议申请，监管部门应予以接受。这条规定，

既体现了采购政策功能的发挥，又体现了可持续采购的理念。

第三节 联合国《公共采购示范法》的主要变化趋势

一、重视公共采购的政策功能

1994 年《示范法》中更多地将公共采购作为促进国际贸易的手段，强调采购过程中不分国籍的公平、公正、公开。而新版《公共采购示范法》增加了对社会经济政策、国内公共产品提供的考虑，例如，第一章第 2 条对什么是"社会经济政策"给出了界定，即"本国采购条例或其他法律规定允许或要求采购实体在采购程序中考虑到的本国在环境、社会、经济和其他方面的政策"。"社会经济政策"出现在资格预审、招标、评标等多个部分，并指出审核、评比过程可以以单一价格为标准，但同时也可以加入政策因素，考虑到供应商或承包商的投标书对某些政策的响应程度，作为评分的一部分。

这一变化显示了公共采购在操作过程中的进步，逐渐演变为国内公共产品提供的主要手段，出于国内经济增长、社会发展等目标的考虑，可以对采购标准进行一定的限制。当然应该注意到，在限制国外竞争对手参与采购的同时，本国进入其他国家公共采购市场也同样受到限制。

二、更加清晰的当事人权利义务

本次《公共采购示范法》修订过程，明确了采购主体、供应商或承包商的权利和义务，涉及资格预审、投标邀请书、招标公告、开标评标等各个方面。就采购主体来说，例如，第一章第 6 条特别规定，采购实体可以发布未来数月或数年计划采购活动的信息，也可以预先发布未来可能采购活动的公告。根据本条发布的信息或公告不构成招标，不使采购实体承担招标义务，也不赋予供应商或承包商任何权利。此条法案明确了采购主体发布未来可能采购活动的权利，并强调此种行为不构成招标，避免了实际操作中可能产生的冲突。又如，第一章第9条第7款规定，采购实体可要求对递交中选提交书的供应商或承包商为证明其有资格参加特定采购而提供的书面证据进行公证。此条法案明确了采购主体审核供应商或承包商资格的权利，后文也多次提到采购主体可以在任何时候进行资格复审。而第一章第18条第10款则规定，采购实体应当迅速向每一个未通过资格预审的供应商或承包商告知未获通过的原因。《公共采购示范法》明确了采购实体告知、解释的义务，《公共采购示范法》其他部分也涉及此类义务，例如，提交书的澄清、资格预审、开标评标、异常低价。

就供应商或承包商来说，也存在相对应的权利和义务。例如，第一章第8条第1款明确了在特殊条件除外的情况下，供应商或承包商不论国籍都有参加采购程序的权利。类似地，许多采购实体的权利，对应了供应商或承包商的义务，例如，供应商或承包商有义务对提交的资格预审文件进行澄清。

三、更加规范的采购过程

本次法案的修订，不仅进行了内容的增补和增编，还对许多内容进行了汇总、整合。可以看到2011年《公共采购示范法》第一章、第二章的内容远多于1994年版，正是因为新版《公共采购示范法》第一章、第二章整合了旧版多个章节的内容，对于评审标准和程序、资格预审文件和程序、接受中选提交书和采购合同生效、每种采购方法的使用条件、每种采购方法的邀请等内容，都分类别进行了汇总。例如，第三章第39条，对招标文件的内容进行了分点列举，文件应该包含的方方面面基本都考虑到了。这种修改使得《公共采购示范法》的逻辑结构更加清晰，不论是采购主体，还是供应商或承包商，都可以按照法案进行规范操作，减少了模糊地带。

四、电子逆向拍卖和框架程序协议的广泛应用

本次最大的修订就是增加了两项采购方法，即电子逆向拍卖和框架程序协议，电子逆向拍卖指供应商或承包商在规定期限内相继提交更低出价，出价自动评审，采购实体选出中选提交书所使用的在线实时采购工具；框架协议程序指分两阶段进行的程序：第一阶段甄选将加入与采购实体的框架协议的一个或多个供应商或承包商，第二阶段将框架协议下的采购合同授予已加入框架协议的一个供应商或承包商。

电子逆向拍卖适用于存在着供应商或承包商的竞争市场，从而可确保有效竞争的情况，并且采购实体确定中选提交书所使用的标准可以量化，且可用金额表示。而框架程序协议适用于对采购标的的需要预计将在某一特定时期内不定期出现或重复出现，或者由于采购标的的性质，对该采购标的的需要可能在某一特定时期内在紧急情况下出现。同时，电子逆向拍卖不仅可以单独使用，还可以作为采购过程的一个阶段，例如，有第二阶段竞争的框架程序协议。

面对电子信息技术的高速发展，公共采购的电子化进程势在必行，电子逆向拍卖、电子招投标都是近年来的热门。采用此种方法会带来人力物力的节约，同时对信息安全等也是一个挑战。而框架程序协议则是有效减少交易时间和交易费用，但需要注意到在长期的协议中，保证始终处于要求的竞争状态是困难的，虽然法案中规定在开放式框架协议整个运作期间，采购实体应当至少每年重新登载加入开放式框架协议邀请书，并应确保对框架协议条款和条件以及与框架协议运作有关的其他任何必要信息的不受限制、直接和充分查取。

五、公开透明规则需贯穿全过程

《公共采购示范法》规定采购实体可以预先发布未来可能采购活动的公告或计划采购活动的信息，这实际上是将采购信息及时公开的

一个表现。《公共采购示范法》第一章第22条指出"采购实体应当将其拟在停顿期结束时接受中选提交书的决定迅速通知每一个递交了提交书的供应商或承包商，通知书应当至少包含递交中选提交书的供应商或承包商的名称和地址、合同价格，若是价格结合其他标准作为依据确定中选提交书的，通知书应列出合同价格以及中选提交书的其他特点和相对优势概要"。此条规则强调了招投标开标过程的公开透明，在实际操作中也是容易被忽视的部分，有些招投标项目仅仅公布确定了中标者，对其资质信息、中标价格和中标优势都不做解释，造成落选的投标人对招投标活动透明度的质疑。而第一章第25条"采购程序的书面记录"，除了对传统采购过程的记录要求，还增加了对电子逆向拍卖和框架程序协议的书面记录要求，说明即使未来招投标大量采用电子平台进行，对全过程的书面和电子记录都是必不可少的。

此外，对于一些非招标采购方式，在采购程序执行时一般都会要求及时记录与公开相应的程序甚至理由等。

六、设立"异常低价提交书"否决机制

《公共采购示范法》第一章第20条新增了"否决异常低价提交书"，即如果提交书的出价相对于采购标的异常偏低，引起了采购实体对供应商或承包商履约能力的怀疑，采购实体在满足一定条件下可以否决该提交书。此条的增加对政府采购招投标制度也是新的挑战，此前绝大部分招标的评审是以价格作为唯一的标准，价格越低的供应商或承包商被视作越符合要求的，此种标准忽略了招投标提供优质公共产品的职能，而仅仅把招投标作为节省财政资金的手段。

第二章

WTO《政府采购协议》

第一节　WTO《政府采购协议》发展概述

一、2012 年之前《政府采购协议》的发展历程

世界贸易组织（WTO）成立于 1995 年 1 月 1 日，其前身是签署于 1947 年的关税与贸易总协定，总部设在瑞士日内瓦。WTO 是目前世界上最大的多边贸易组织，已经拥有 137 个成员，成员间的贸易量占世界贸易的 95% 以上。2001 年 11 月 10 日，WTO 部长级会议批准中国内地加入世界贸易组织，11 月 11 日部长级会议批准中国台湾加入世界贸易组织，到 12 月 11 日中国已经在世界贸易组织中占有四个席位——中国、中国香港、中国澳门、中国台湾。

无论是在国内市场，还是在世界市场，大多数国家的政府都是各种货物的最大买主。然而，许多国家的政府在采购中，通过优先、优惠价格和限制性采购等其他条件，给本国的供应商以优惠待遇，把采购市场基本限定在了国内供应商范围内。但随着经济全球化和世界贸易自由化进程的加快，潜力巨大的政府采购市场日益引起世界各国的关注。早在 20 世纪 60 年代初期，关税与贸易总协定率先开始就政府采购问题进行谈判。由于各方的利害冲突很大，谈判未能取得实质性

结果，只起草了一份《关于政府采购政策、程序和做法的文件草案》。为消除国际贸易的采购壁垒，关税与贸易总协定的多数缔约方都感到有必要对政府采购政策予以约束和监督。在第七轮多边谈判中，政府采购问题被正式纳入东京回合谈判议题，并于1976年7月成立了政府采购的分题组，专门谈判政府采购问题。在各缔约方的共同努力下，东京回合多边贸易谈判于1979年4月12日在日内瓦签订了世界上第一个关于政府采购的协议——《政府采购协议》（Government Procurement Agreement，GPA），1981年1月1日起生效。该协议将关税与贸易总协定的一些基本原则延伸到了政府采购领域。但此时GPA包括的范围非常有限，性质也是非强制性的，由各缔约国在自愿的基础上签署，通过相互谈判确定政府采购开放的程度。至此，政府采购已从一项财政政策延伸为国际贸易政策。

在乌拉圭回合谈判后期，GPA的成员为了进一步扩大政府采购的开放程度，开始就新的政府采购协议进行谈判。1987年2月2日，协议的缔约方对1979年的GPA进行了修改，自1988年2月14日起开始实施。此次修改的内容主要有：受协议管辖的采购合同的起始金额由15万特别提款权降到13万特别提款权；将租赁合同包括在协议管辖范围内；增加了在交换资料、信息方面的透明度；将公开选择招标的结标时间由原来的30天改为自招标通知公布之日起的40天。1993年12月15日，各缔约国在乌拉圭回合上又就制定新的GPA达成基本意向，最终形成了关税与贸易总协定乌拉圭回合GPA，即之后所称的世界贸易组织的GPA。

GPA于1994年4月15日在马拉喀什签署，于1996年1月1日正式生效实施。WTO内建立了政府采购委员会，负责与GPA有关的事宜，包括对申请加入者进行审查和批准。GPA由1个序言、24项条款、4项附录和1个原文注释组成。GPA是WTO管辖下的复边贸易协定之一，是WTO框架下重要的诸边协议，其宗旨是消除各成员政府采购制度中存在的歧视进口产品和外国供应商的现象，实现政府采购国际化和自由化，实现政府采购市场的开放。根据1994版GPA的规定，参加方在协议生效后3年内，继续就协议文本和扩大出价开展新一轮谈判。

我国于 2007~2014 年已先后向 WTO 政府采购委员会提交了六份关于加入 GPA 的出价清单，在加入 GPA 的道路上不断前行。未来加入 GPA 后，将接受 GPA 的规定。

二、2012 年 GPA 新修订

经过近 15 年的谈判和协商，2012 年 3 月，世界贸易组织政府采购委员会召开会议，颁发了 GPA 的新文本和各方新一轮出价，标志着 GPA 的日趋成熟。2012 版 GPA 对原有 GPA 文本进行了简化与优化，并在市场准入上进一步扩大了采购实体的覆盖范围，囊括了从部级到其他专门机构的更多政府部门，以及新的服务和其他公共采购活动。要求成员方的采购制度要有一定的透明度，遵循公开、公平、公正的原则，消除贸易壁垒，不应过分保护本国产业，使得外国供应商不能与本国企业公平竞争，应该给外国供应商一定的国民待遇，在某些领域上享有与本国企业同等的权力，消除歧视，促进政府采购市场的开放，为建立监督、磋商和争端解决政府采购贸易的国际程序提供了保障。新版 GPA 强调对电子采购工具使用，要求吸收电子通信和电子技术在政府采购领域的应用经验，新增了"电子拍卖"的采购方式。2012 年版的 GPA 在内容上充分反映了全球经济、社会管理和科技进步对政府采购的影响作用，更加全面地完善了 GPA 的功能和作用，它不仅是 GPA 参加方必须严格遵循的行为准则，而且影响并牵引着全球政府采购的发展走势。2012 版的 GPA 已于 2014 年 4 月 6 日开始正式生效。

新文本由 22 个条文和 7 个附件组成，语言更加精炼，条理更加清晰。第一部分：第 1~5 条。该部分相当于协定文本的总则部分，对整个文本的原则、范围、定义等做了概括性规定。第二部分：第 6~17 条。该部分是对各参加方在实施政府采购过程中的各种实体性和程序性要求，针对政府采购的各环节都做出了比较具体的规定。第三部分：第 18~22 条。该部分主要涉及政府采购实施过程中的争端解决以及各参加方的国内法律制度调整等内容，并对新文本制定后的进一步修改完善做出了规划。新版 GPA 增加了对发展中国家最惠国待遇，明晰发展中国家的特殊待遇，扩大并澄清了发展中成员适用的过渡措施，以吸引发展中国家加入协议。同时增加了对环境保护方面的要求，将"可持续采购"纳入 GPA 条款中。将电子采购加入到采购程序中，以促进采购过程的简化，降低采购成本，提高采购效率。

新版 GPA 对政府采购中的一系列常用专门术语进行了标准化解释，例如，政府采购目的、采购实体、政府采购的商品和服务、补偿交易、选择性招标、限制性招标、电子拍卖等等。这些专业用语易被混淆或者存在着争议，因此新版 GPA 在第一条"定义"中，逐一对常用的概念通过言简意赅的语言进行了规范性解释和说明，使公众能更清晰了解新版 GPA 中的各项措施。

第二节　2012 年版 WTO《政府采购协议》的修订内容

一、总则部分的修改

新版 GPA 在序言中对 GPA 条款的修订目的进行更新，增加了对透明度、灵活性、防腐败提出要求，对于各项条款进行了更细致的规定，并鼓励使用电子手段进行采购。

本协议的各参加方：

认识到政府采购制度的完整性和可预见性，对公共资源管理的效率和效力，对参加方经济运行和发挥多边贸易体制功能都是必不可少的；

认识到本协议下的程序性承诺，应当在适应每一参加方特殊情况方面有充分的灵活性；

认识到政府采购透明性措施的重要性，以透明和公正方式实施政府采购的重要性，按照《联合国反腐败公约》等可适用的国际文件避免利益冲突和腐败行为的重要性；

认识到对本协议涵盖的采购，使用和鼓励使用电子手段的重要性。

新版 GPA 增加了"定义"条款，即新版 GPA 第 1 条，对 GPA 文本中出现的各种概念性名词进行解释。对 GPA 条款中出现的"商业性货物和服务、委员会、建筑服务、国家、日、电子反拍、以书面形式或者书面的、限制性招标、措施、常用清单、意向采购公告、补偿、公开招标、人、采购实体、合格供应商、选择性招标、服务、标准、供应商、技术规格"易混淆的概念进行解释，使公众更清晰了解 GPA 的内容。

新版 GPA 将 1994 版 GPA 的第 1 条"协议的适用"和第 2 条"合同价值估算"合并为第 2 条"适用范围"，扩大了采购范围。增加了货物服务不适用的事项的具体描述，使得协议所适用的范围标准更加明确。同时对附件中所应列明的信息进行了规定，给各采购实体提供更清晰内容。

新版 GPA 第 2 条第 1 款规定：

本协议适用于有关被涵盖采购的任何措施，无论被涵盖采购是否完全或者部分地使用电子手段进行。

增加了对例外事项的规定，第 2 条第 3 款规定：

除了另行规定于一参加方附录 1 中的例外，本协议不适用于以下事项：

（a）土地、现有建筑物或者其他不动产或者附着权的购买或者租赁；

（b）非契约协议或者一参加方提供的任何形式的援助，包括合作协议、补助、贷款、股份权益注入、担保和财政激励；

（c）财务代理或者储蓄服务、对受规制金融机构的清算和管理服务、有关公债销售、回购和发行服务的采购或者获得，包括贷款、政府债券、票据和其他有价证券；

（d）公共雇佣合同；

（e）从事的下列采购：为了提供国际援助的特定目的，包括发展援助；根据国际协议的特别程序或条件进行的，该国际协议涉及部队的驻扎，或者涉及签署国联合执行的项目；根据国际组织的特别程序或条件进行的，或者使用国际援助、贷款或其他援助资金进行的，使用该资金采购适用的程序或条件与本协议不一致的。

增加了附件所需第2条第4款规定：

每一参加方应当在其附录1的附件中列明以下信息：

（a）在附件1中，其采购为本协议涵盖的中央政府实体；

（b）在附件2中，其采购为本协议涵盖的次中央政府实体；

（c）在附件3中，其采购为本协议涵盖的全部其他实体；

（d）在附件4中，列明本协议涵盖的货物；

（e）在附件5中，列明本协议涵盖的服务；

（f）在附件6中，列明本协议涵盖的建筑服务；以及

（g）在附件7中，列明任何通用注释。

新条款对采购中故意拆分采购项目的行为作了限制，第2条第6款规定：

出于确定采购是否属于被涵盖的目的对采购价值进行估算时，采购实体应当做到：

（a）既不得将一项采购分割为若干项采购，也不得选取或使用特殊方法估算价值从而全部或者部分地将其排除在本协议适用范围之外；及

（b）无论授予一个或者一个以上供应商，被估算的采购最高总价值应当覆盖全部采购过程，并将任何形式的报酬计入在内，其中包括：

（i）奖金、费用、佣金和利息；以及

（ii）对于为实现期权条款的采购，期权购买纳入估算的采购最高总价值之中。

新版GPA原版的第23条"本协议例外"提到前面，作为第3条，未作内容变动。

新版GPA将原来的第3条"国民待遇和非歧视"与第4条"原产地规则"合并，增添"电子手段适用""采购的进行""补偿"等

新原则，作为第4条"一般原则"。

新版GPA第4条第3款规定：

以电子手段进行被涵盖的采购，采购实体应当：

（a）确保在采购中使用的信息技术系统和软件，包括那些与身份验证和信息加密有关的信息技术系统和软件，是可以普遍获得的并且与其他可普遍获得的信息技术系统和软件相兼容；以及

（b）确保投标申请书和投标文件完整性的维护机制，包括确定接收时间和防止不当访问。

第4条第4款规定：

采购实体应当以透明和公正的方式进行被涵盖的采购，该方式：

（a）应当与本协议一致，使用诸如公开招标、选择招标和限制性招标那样的方式；

（b）避免利益冲突；

（c）防止腐败行为。

第4条第6款规定：

对于被涵盖的采购，一参加方包括其采购实体，不得寻求、考虑、强加或者强制实施补偿。

第4条第7款规定：

非专门针对采购的措施，第1、2款的规定不得适用于：关税和对进口征收或与进口有关的任何种类的费用；关税和相关费用的征管办法；其他进口法规或手续以及涵盖采购范围外的影响服务贸易的措施。

这三条原则为GPA的实施提供了全新的标准，增加了电子采购方式，注重对防腐败行为的规范，同时由原来可提供补偿交易变为禁止各参加方实施补偿，更注重公平的实现。

新版GPA第5条为"发展中国家"，对给予发展中国家的特殊和差别待遇进行了进一步规定，增添了对发展中国家在加入GPA后的过渡期的规定。

新版GPA第5条第3款规定：

基于其发展需要并得到各参加方的同意，一发展中国家可以在过

渡期内按照附录 1 附件所列减让表，以不会在参加方之间造成歧视的方式，采取或者保留以下过渡措施的一项或者多项：

（a）价格优惠计划，条件是该计划：规定优惠只是给予投标中所包含的来源于正在实施优惠的发展中国家的货物或服务部分，或者所包含的来源于其他发展中国家的货物或服务部分，而该发展中国家正在实施优惠并有义务根据优惠协议提供国民待遇，倘若其他发展中国家是本协议参加方，享受这一待遇还应遵守委员会规定的其他条件；是透明的，优惠及其在采购中的应用已经在意向采购公告中做了明确描述；

（b）补偿，如果实行补偿的要求或者考虑已在意向采购公告中做了明确描述；

（c）分阶段增加具体的实体或者部门；以及

（d）较其永久性门槛价更高的门槛价。

第 5 条第 4 款规定：

在加入本协议的谈判中，各参加方可以同意申请加入的发展中国家在执行义务过程中，推迟适用除第 4 条第 1 款第 b 项以外的本协议任何具体义务。实施期应当是：

（a）对最不发达国家，为其加入本协议后的 5 年；

（b）对任何其他发展中国家，只是为执行具体义务所必需的期间，且不得超过 3 年。

第 5 条第 5 款规定：

一发展中国家得到允许在一个期间内实施上述第 4 款提到的义务，应当在附录 1 的附件 7 中就以下事项列出清单：实施期、实施期内的具体义务、同意在实施期内遵守的任何临时义务。

第 5 条第 6 款规定：

本协议对一发展中国家生效后，应发展中国家请求委员会可以：

（a）延长第 3 款允许的措施的过渡期，或者第 4 款允许的实施期；或者

（b）批准第 3 款允许的新过渡措施申请，如果出现了加入过程中没有预见的特殊情况。

第 5 条第 7 款规定：

因第 3 款或第 6 款规定的过渡措施或因第 4 款规定的实施期，或者根据第 6 款对它们的延长而获益的发展中国家，应当在过渡期或者实施期内采取确保在上述期间结束时本协议得到遵守所必需的步骤。该发展中国家应当将该步骤立即通知委员会。

新款 GPA 提出为发展中国家加入 GPA 过渡期，这五款均对发展中国家在加入 GPA 后在过渡期内如何适应国际规则作了详细规定。

二、实体性及程序性相关条款的变更

新版 GPA 增添第 6 条"关于采购制度的信息"，对各国应对 GPA 条款的变化做出法律法规制度的修改进行规定。

第 6 条第 1 款规定：

每一参加方应当：

（a）在官方指定的可广为传播并可为公众获得的电子或者纸质媒体上，及时公布任何法律、法规、司法判决和普遍适用的行政决定、根据法律或法规制定并置于公告和招标文件中供引用的标准合同条款、涉及被涵盖采购的程序，以及上述各项的修改；及

（b）应任何参加方的请求做出解释。

第 6 条第 2 款规定：

每一参加方应当列明：

（a）在附录 2 中，用于公布上述第 1 款要求的关于参加方采购制度信息的电子或者纸质媒体；

（b）在附录 3 中，用于公布第 7 条、第 9 条第 7 款、第 16 条第 2 款要求的公告的电子或者纸质媒体；

（c）在附录 4 中，参加方公布下述内容的网址或者地址：根据第 16 条第 5 款的采购统计数据；根据第 16 条第 6 款的已授予合同的公告。

第 6 条第 3 款规定：

对于在附录 2、附录 3 和附录 4 列明的参加方信息的修改，每一

参加方应当及时通知委员会。

新版 GPA 的第 7 条"公告",包括"意向采购公告""摘要公告""计划采购公告"三部分内容。对各公告的发布方式均提出可用电子化方式发布。

新版 GPA 第 7 条第 1 款、第 2 款规定:

对于每一涵盖采购,除第 13 条规定情形外,一采购实体应当在附录 3 列明的适当纸质或者电子媒体上公布意向采购公告。该媒体应当是广为传播的,该公告应当易于为公众获知,并至少保留到公告指明的期间结束。公告应当:

(a) 对于附件 1 中的采购实体,至少在附录 3 规定的最短期间内,可以通过电子手段,经由一个单一的访问点免费获得;以及

(b) 对于附件 2 和附件 3 中的采购实体,如可通过电子手段获得,至少可以通过网站链接电子站点免费获得。

鼓励参加方,包括附件 2 和附件 3 中的采购实体,使用免费的电子手段通过单一访问点公布其公告。

除本协议另有规定,每一意向采购公告都应当包括:

(a) 采购实体的名称、地址、联系采购实体和取得有关采购文件所必需的其他信息,如果需要付费的话,还应当包括取得这些文件的成本费用和付款条件;

(b) 对于采购的描述,包括拟采购的货物或服务的性质和数量,或者不能明确数量时的估算量;

(c) 对于重复采购合同,如有可能,公布意向采购后续公告的预计时间;

(d) 关于任何购买选择权的说明;

(e) 交付货物或服务的时限,或合同的延续期间;

(f) 将采用的采购方式,以及它是否引入谈判和电子反拍;

(g) 如适用,提交投标申请书的地址和截止日期;

(h) 提交投标文件的地址和截止日期;

(i) 提交投标文件或者投标申请书必须使用一种或多种语言,如果允许使用的语言不同于参加方及其采购实体官方语言;

（j）供应商参加条件的清单和简要介绍，包括供应商必须提交的相关具体文件或证书，除非此类要求已经包含在招标文件之中，且该招标文件在意向采购公告发布的同时可以为所有有兴趣的供应商获得；

（k）在采购实体意图根据第9条选择和邀请有限数量合格供应商参加投标的情形下，用于选择供应商的标准；在可行时，包括允许参加投标的供应商数量的限制；以及

（l）关于该项采购适用本协议的提示。

第7条第3款规定：

对每个意向采购项目，采购实体在公布意向采购公告时，都应当同时使用一种WTO官方语言发布一份可容易获得的摘要公告。该摘要公告至少应当包括以下信息：

（a）采购标的；

（b）提交投标文件的截止日期，或如适用，提交投标申请书或者纳入常用清单申请的截止日期；以及

（c）可申请获得有关采购文件的地址。

第7条第4款、第5款规定：

鼓励采购实体以附录3中列明的适当纸质或者电子媒体，尽早发布每一财政年度内有关未来采购计划的公告（以下简称"计划采购公告"）。计划采购公告应包括采购标的和意向采购公告的计划刊登时间。

附件2或附件3中的采购实体，可以使用计划采购公告作为意向采购公告，条件是该计划公告尽量多包含本条第2款规定的信息，并声明有兴趣供应商应当向采购实体表示其对该项采购兴趣。

第7条公告的内容对采购过程中关于信息的发布作了详细规定，新增的使用电子化信息的方式，对于促进各供应商采购信息的获得提供了便利。

新版GPA新增第8条"参加条件"，即采购实体对参与采购的供应商所必须具备的条件进行规定，以保证供应商具备承揽相关采购所必需的法律和财务资格，以及商业和技术能力。

第 8 条第 2 款规定：

在确定供应商参与采购的条件时，采购实体：

（a）不得为了让某一供应商参加采购，设定条件要求供应商曾经在某一特定参加方的采购中被授予一个或多个合同；及

（b）如果以往经历是满足采购要求所必需的，可提出这一要求。

第 8 条第 3 款规定：

在评估供应商是否满足参加条件时，采购实体：

（a）应当根据供应商在采购实体所在参加方领土内外业务活动，评估供应商的财务、商业和技术能力；及

（b）评估应当基于采购实体事先在公告或招标文件中所规定的条件。

第 8 条第 4 款规定：

在有证据支持时，参加方，包括其采购实体，可以基于以下理由排除供应商：

（a）破产；

（b）虚假陈述；

（c）在实施一个或者多个前合同规定的实质要求和义务时，有严重和持续的缺陷；

（d）最终裁决确定其有严重犯罪和其他严重违法行为；

（e）渎职罪或负面影响供应商商业诚信的行为或不作为；或

（f）没有缴纳税款。

新版 GPA 将原版第 8 条"供应商资格"与第 10 条"选择性招标"合为新版 GPA 第 9 条"供应商资格"。同时新增第 3 款"常用清单"，采购实体可以设立供应商常用清单，邀请有兴趣供应商申请进入该清单。

第 8 条第 7 款规定：

采购实体可以设立一个供应商的常用清单，只要邀请有兴趣供应商申请进入该清单的公告是：

（a）每年公布的；及

（b）如果用电子手段公布的，则应使之可持续获得，发布在附

录 3 列明的适当媒体之上。

第 8 条第 8 款规定：

上述第 7 款规定的公告应当包括：

（a）对可能采用清单形式列出的货物或服务或者货物或服务的类别的描述；

（b）供应商列入清单的资格条件，以及采购实体判断供应商资格的方法；

（c）采购实体的名称和地址，联系实体和得到与清单有关的文件所必需的其他信息；

（d）清单的有效期和其更新或终止的方法，或当没有规定有效期时，关于终止清单的公告方法的提示；及

（e）清单将用于本协议涵盖采购的提示。

第 8 条第 9 款规定：

尽管有第 7 款的规定，但是如果一常用清单有效期为 3 年或 3 年以内的，采购实体对第 7 款所指的公告仅在清单有效期开始时发布一次即可，只要该公告：

（a）提到了有效期限，并提到不再作进一步公告；以及

（b）用电子手段公布，在其有效期内可以持续地获得。

新版 GPA 将原版第 6 条"技术规格"与第 12 条"招标文件"合并为新版第 10 条"技术规格和招标文件"，对货物或服务的技术规格提出更细致的规定，同时新增了环境保护的要求。

第 10 条第 3 款规定：

如果技术规格使用了设计或描述性特征，采购实体应当在适当情形下提示，在招标文件中使用包括"或相当于"那样的措辞，并将考虑能够达到采购要求的相当货物或服务的投标。

第 10 条第 6 款规定：

为了达到更高确定性，参加方，包括其采购实体，根据本条可以拟制、采用和实施促进自然资源保护和环境保护的技术规格。

第 10 条第 7 款中增加了对电子手段采购的规定，投标文件应该
包括：

采购实体使用电子手段进行采购的，关于任何身份验证和加密要求或以电子方式接收信息相关的其他要求；

采购实体举行电子反拍的，关于反拍的规则，包括涉及评标标准的竞标因素认定。

第 10 条中对于招标文件的要求，对于招标文件有修改的要求时，在第 10 条第 11 款中规定：

在授予合同前，采购实体对在公告和招标文件中规定并已经提交给参加供应商的标准或者技术要求进行修改，或者修正或重发公告或者招标文件，该采购实体应当将修改、修正或者重发公告或者招标文件以书面方式送达给：

（a）如能知悉，应发给在该信息被修正、修改或重发时正在参加的全部供应商；其他情况下，应当采用送达原来信息的相同方式；以及

（b）在适当情形下，给予该供应商充足的时间修改和重新提交修正后的投标。

修改条款对供应商在提交招标文件时给予更规范细致的要求，保障采购过程中每个阶段的顺利施行。

新版 GPA 将原版第 11 条"投标与交货期"更名为"时限"，仍为新版第 11 条。新版第 11 条新增了对电子采购提交投标文件最后期限的规定。

第 11 条第 5 款规定：

采购实体在下列情况下可以将提交投标文件的期限减少 5 天：

（a）以电子手段公布的意向采购公告；

（b）从意向采购公告公布之日起全部招标文件都可以通过电子手段获得；

（c）采购实体可通过电子手段接收招标。

第 11 条第 7 款规定：

如果采购实体购买商业性货物或服务，可以将等标期减少至不低于 13 天，条件是该实体以电子手段同时公布了意向采购公告和招标文件，另外，如果该实体以电子手段接收商业性货物或服务的投标文

件，可以将第 3 款规定的提交投标文件的期限减少至不低于 10 天。

新版 GPA 将原版第 14 条对谈判程序的要求作了简化整合，更新为新版第 12 条"谈判"，删掉了原版中"有关对标准及技术规格的修订，应以书面形式通知所有参加谈判的供应商"。

新版 GPA 将原版第 15 条"限制性招标"更新为新版第 13 条，名称不变。减少了原版中工程服务的限制性招标要求，即删除了原版中"（f）因不可预见情况新增的工程服务，未包括在原工程服务合同条款中，但仍属于原招标目的，采购机构为完成采购任务有必要由原承包商承办。否则，将新增工程服务从原合同中分离出来，存在技术或经济上的困难，给采购机构造成重大不便。但新增工程服务总值不得超过原主体合同金额的 50%；（g）授予首批合同的采购项目出现的重复性相似工程服务的新增项目，采购机构在最初的工程服务采购公告中声明，今后在授予此类新增工程服务项目合同时，有可能采用限制性招标程序"两条内容。

新版 GPA 新增第 14 条对"电子反拍"采购程序的要求。该条规定：

采购实体意图使用电子反拍进行一纳入适用范围的采购，该实体应当在电子反拍开始前将以下内容提供给每一个参加者：

（a）基于招标文件中所列评估标准并将在拍卖过程中自动排序或重新排序所使用的自动评估方法，包括数学公式；

（b）在合同是被授予最具优势的竞标者的情况下，对竞标因素的最初评价结果；

（c）有关反拍活动的其他相关信息。

新版 GPA 第 15 条"投标文件的处理和合同授予"对原版第 13 条进行整理。增添了保密性要求。第 15 条第 1 款规定：

采购实体应当按照程序受标、开标和处理所有投标，该程序应保障采购过程的公平、公正以及投标文件的保密性。

另外，对投标书的提交删掉了原版中"允许使用电传、电报或传真"要求，新版 GPA 第 15 条第 4 款要求：

投标必须以书面形式，必须在开标时符合公告和招标文件的基本要求，必须是由满足参加条件的供应商提交的。

在合同授予阶段，对于价格异常低于其他投标价格的投标，可以进行审查，从而避免不合理竞争的发生。第 15 条第 6 款规定：

收到价格异常低于其他投标价格的投标，采购实体可以核实供应商是否符合参加条件和是否具备履行合同条款的能力。

新版 GPA 第 16 条"采购信息的透明"对原版的透明度要求作了进一步细化，将原版第 17 条"透明度"和第 18 条"采购机构的信息提供和审查义务"以及第 19 条"缔约方的信息提供与审查义务"中部分条款进行合并。包括"提供给供应商的信息""授予信息的公布""文件、报告和可查踪电子资料的保存"以及"统计数据的收集和报告"四部分内容。对于"授予信息的公布"，增添了对使用电子媒体上发布公告的要求。第 16 条第 2 款规定：

本协议涵盖的每一合同授予后不迟于 72 天，采购实体应当在附录 3 列明的适当纸质或者电子媒体上发布公告。只是使用电子媒体的，该信息应当保留合理的期间以供人们获取。

新版 GPA 增添"文件、报告和可查踪电子资料的保存"条款，第 16 条第 3 款规定：

在合同授予后的至少 3 年内，每一采购实体应当保存：

（a）招标程序的文件和报告，以及有关被涵盖采购的合同授予，包括第 13 条要求的各种报告；

（b）确保通过电子手段进行涵盖采购的适当可追溯的数据。

同时增加对电子方式公布公告的要求，第 16 条第 6 款规定：

参加方有关授予合同的公告以电子方式公布，且公众可通过单一数据库并且允许对涵盖合同进行分析的形式获得此类公告，那么该参加方可以将该网站地址通知委员会，以替代第 4 款要求提交的数据，并附获得和使用该数据的必要指导说明。

新版 GPA 增添第 17 条"信息披露"，对信息的保密性、信息发布的公平性作了要求。

第 17 条第 1 款规定：

根据其他参加方的要求，参加方应当及时提供对于判断采购是否公平、公正和遵照本协议进行所必要的信息，包括中标的投标文件的特点和相对优势的信息。信息的发布将对未来投标竞争造成损害的，接收该信息的参加方不得向任何供应商泄露该信息，除非经与提供信息的参加方协商并获得其同意。

第17条第2款、第3款规定：

尽管本协议其他条款已经规定这里仍需提到的是，参加方，包括其采购实体，不得向某一特定供应商提供将会损害供应商之间竞争的信息。

不得将本协议的任何条款解释为要求参加方，包括其采购实体、主管机关和审查机构，披露将导致下述后果的本协议规定的秘密信息：

（a）将妨害法律实施的；

（b）会损害供应商之间公平竞争的；

（c）将损害特定人合法商业利益的，包括对知识产权的保护；或者

（d）将在其他方面违背公共利益的。

三、争端解决以及各参加方的国内法律制度调整

新版 GPA 第 18 条"国内审查程序"是对原协议中的第 20 条"投诉程序"进行修改，增添了初次审理的要求，以保证了审查程序的公平性。

主管机关以外的机构对投诉进行初次审理，则参加方应当确保供应商可以对初审决定向一个公正的行政或司法主管机关提起上诉，该主管机关独立于其采购是投诉对象的采购实体。

新版 GPA 增添第 19 条"适用范围的修改和更正"，对于提议的修改和修订进行了规定。包括"修改提议的通知""对通知的异议""磋商""修正后的修改""修改的执行""便利解决异议的仲裁程序""委员会的职责"几个部分。

有关适用范围的修改和更正，第 19 条第 1 款、第 2 款规定：

参加方应当将任何拟议的更正通知委员会，包括将一实体从一个附件转移到另一个附件，一实体的撤销，或者附录 1 中的其他修改

（本文中统称为"修改"）。提出修改提议的参加方（以下称为"修改方"）应当在通知中包括：

（a）对从附录1中撤销实体的提议，行使其权利所依据的理由是政府对适用本协议采购实体的控制或影响已经有效地消除，以及该消除的证据；或者

（b）对其他事项的修改提议，关于变更对本协议所规定的相互议定的适用范围造成可能后果的信息。

根据第1款发出通知的修改提议可能影响一参加方本协议下权利的，该参加方可以将针对该修改提议的异议通知委员会。该异议应当在向各参加方散发通知之日起45天内做出，并应当说明异议的理由。

新版GPA第20条为"关于磋商与争端解决"的过程。对于磋商解决参照的标准进行细致化规定。第20条第3款规定：

《争端解决谅解》应当适用于本协议下的磋商和争端解决，但下列情况除外：即尽管有《争端解决谅解》第22条第3款的规定，《争端解决谅解》附录1列明的本协议以外其他协议下产生的争端，不得导致中止本协议下的减让或者其他义务，同时，本协议下产生的争端也不得导致中止《争端解决谅解》附录1列明的其他协议下减让或者其他义务。

第21条中关于"机构"的要求中，对委员会应履行的职责进行了细化。新增的第3款规定：

委员会应当每年：

（a）审议本协议的执行和运行；以及

（b）根据《马拉喀什建立世界贸易组织协议》（以下称为WTO协议）第4条第8款，向世界贸易组织总理事会通报本协议执行和运行的进展。

新版GPA第22条的"最后条款"中，增添了对可持续采购及安全标准的要求。第22条第8款规定：

委员会应通过采纳以下工作计划进一步开展工作，促进本协议的实施和第7款所提的谈判：

（a）中小企业问题；

（b）统计数据的收集和公布；

（c）可持续性采购问题；

（d）参加方附件所列的例外和限制；

（e）国际采购中的安全标准。

第三节　WTO《政府采购协议》的主要变化趋势

一、增加防腐败要求，注重公平竞争机制

新版 GPA 将政府采购过程中避免利益冲突和打击腐败行为纳入了序言中，同时各条款更注重对公开透明制度的要求。采购官员的腐败问题是一个世界性的话题，为国际社会所普遍关注。在新版 GPA 中多个条款均对采购程序中的防腐败作出规定，要求采购实体通过公开招标、选择性招标、限制性招标这些采购方法进行政府采购时，应该依照协定要求，保证采购程序透明和公平，避免利益冲突，防止腐败做法。还用大量的篇幅规定了公开招标、公平竞争、程序透明、信息披露等竞争机制，为国内外的所有的供应商提供平等的竞争环境，客观上抑制与消除了交易过程中的钱权交易、收受贿赂行为，一定程度上铲除了腐败现象容易滋生的土壤。

二、电子采购技术的广泛应用

随着电子通信和电子技术在政府采购领域里的广泛应用和快速发展，改变了许多国家政府采购制度中的传统采购方式，新版 GPA 顺应时代发展，序言中提出鼓励采购实体采用电子采购程序，同时增加第 14 条电子反拍的采购方式，运用电子采购方式，缩短了采购商品和服务的招标期限。同时规定，"意向采购公告""摘要公告""计划采购公告"可用电子化方式发布。通过电子系统打破时间和空间障碍，增强采购信息透明度，为政府采购行为的顺利进行提供快速方便

有效的手段，为政府采购的更好发展提供了有力的保证。

三、增加对异常低价投标的审查

规定在合同授予阶段，对于价格异常低于其他投标价格的投标，采购实体可以进行审查，从而避免不合理竞争的发生。审核的内容主要是供应商是否符合参加条件和是否具备履行合同条款的能力。

四、设立供应商常用清单

为减少供应商资格审核成本过高的问题，《政府采购协议》规定采购实体可以设立供应商常用清单，邀请有兴趣供应商申请进入该清单。邀请公告应每年公布一次，并且尽可能采用电子手段动态公布。邀请公告的内容应包括供应商资格条件，供应商提供的货物或者服务的描述以及清单的有效期等。

五、提供发展中国家的过渡政策

GPA 的成员中，大部分是发达国家或地区，为了鼓励发展中国家加入 GPA，新版 GPA 中为发展中国家提供了更多优惠性措施，扩大并澄清了发展中国家可以实行的过渡期措施，允许他们保留一些政策，鼓励更多的发展中国家签字加入该协定。修订后的文本一方面要求GPA 缔约方应立即为新加入的发展中国家提供最惠待遇；另一方面在不造成歧视的前提下，授予发展中国家制定过渡期时间表的权利，过渡期间发展中国家可以采用的过渡措施包括价格优惠、补偿贸易、逐步开放和提高门槛价。但值得注意的是，相关条款并没有对发达国家构成强制性义务，实现对发展中国家的优惠还要取决于具体的谈判结果。①

————————

① 李慰. GPA 新变化及对我国政府采购发展的建议 [J]. 中国经贸导刊, 2014 (3)：36 –38.

第三章

欧盟"公共采购指令"体系

第一节 欧盟"公共采购指令"体系发展概述

促进货物、服务、资本和人的自由流动是欧盟一直以来所秉承的目标，为此欧盟制定了一系列的公共采购指令来促进成员国内部在公共采购市场上这一目标的实现，从而推进欧盟"统一市场"的建设。因此，开放成员国之间公共市场成为欧盟制定公共采购指令体系的首要目标。

一、2014 年之前"公共采购指令"体系的发展历程

1957 年，法国、德国、荷兰、意大利、比利时和卢森堡六国在意大利签署了著名的《欧洲经济共同体条约》（*Treaty Establishing The European Economic Community*），1958 年 1 月 1 日，欧洲经济共同体正式成立，旨在通过关税同盟、经济同盟、政治同盟，实现欧洲的经济一体化和政治一体化。至 1968 年，欧洲经济共同体的成员国间完全取消了关税和贸易限制，统一了对外贸易政策。1992 年 7 月，欧洲经济共同体 12 国外长在荷兰马斯特里赫特正式签署了具有里程碑意义的《欧洲联盟条约》（*Treaty of Maastricht*，又称《马斯特里赫特

条约》，简称《马约》），它明确了建立欧洲经济联盟和政治联盟的最终目标，表明欧洲经济共同体将朝着一个具有经济、政治、外交和安全等全方位的联合体方向发展。1993 年 11 月 1 日，《马约》正式生效，欧洲联盟（简称欧盟）正式诞生。作为世界上最大的贸易商，欧盟在内部市场和外部市场的贸易额总计约占世界的 40%，而对外贸易约占世界的 20%。2015 年，中国与欧盟成员国双边贸易额为5647.5 亿美元，占欧盟贸易总额的 14%，欧盟从中国的进口额增长了 8%，创下了 3025 亿欧元的历史新高，成为欧盟最大的进口来源国。

欧洲经济共同体自成立以来，为了消除贸易壁垒，促进货物、资本和人员的流动，通过了一系列协议和指令，其中就包括政府采购的立法和协议。其首次对政府采购领域进行规制要追溯到 20 世纪 70 年代。这个时期主要颁布了《公共工程合同指令》（Council Directive 71/305/EEC）和《公共供应合同指令》（Council Directive 77/62/EEC）。鉴于工程特许经营的重要性，1989 年对《公共工程合同指令》进行修订的指令 89/440/EEC，将涵盖范围扩展至了工程特许经营。1990 年颁布了第一个《公用事业指令》（Council Directive 90/531/EEC）对公用事业部门授予的工程合同和供应合同进行规制。1992 年颁布了《公共服务合同指令》（Council Directive 92/50/EEC），至此"公共部门指令"（又称"传统采购指令"，Classic Directives）的内容已经涵盖工程、货物和服务三类。随后，1993 年颁布了新的《公共工程合同指令》（Council Directive 93/37/EEC）与《公用事业指令》（Council Directive 93/37/EEC）。后者将公用事业部门颁布的服务合同也囊括起来，并且融合了之前的指令 90/531/EEC 中的相关规定而形成了新的统一的公用事业采购指令。

2004 年颁布的指令 2004/18/EC（以下简称《2004 公共部门采购指令》）和指令 2004/17/EC（以下简称《2004 公用事业采购指令》）① 分别对公共部门采购活动和公用事业采购活动进行了统一规

----

① 为了表述方便，我们将这两个指令合起来称为《公共采购指令》。

制。但是《2004 公共部门采购指令》仍旧只对工程特许经营进行了规制①而将服务特许经营排除在外②，《2004 公用事业采购指令》则将工程特许经营和服务特许经营都排除在外③。

2007 年 12 月，为了提高与公共合同授予有关救济程序的有效性，欧盟对之前颁布的救济程序指令 89/665/EEC 和 92/13/EEC 进行了修订，颁布了新的救济程序指令 2007/66/EC（以下简称《2007 公共采购救济指令》）④。2009 年 7 月颁布了国防和安全领域的采购指令 2009/81/EC（以下简称《2009 国防采购指令》）。

截至 2009 年，欧盟公共采购指令体系已经是一个涵盖了公共部门、公用事业和国防安全三大领域，以及救济制度的规章制度。其中，对公共部门采购的规制规则是一般性的规则，而公用事业和国防安全领域的采购规则则属于特殊部门规则。三大采购领域适用统一的救济制度。

二、2014 年"公共采购指令"体系的新修订

2009 年欧盟的公共部门在货物、服务和工程方面总支出达到 2.1 万亿欧元，占其 GDP 总量的 19%。⑤ 全球经济危机爆发之后，公共部门作为市场上最大的消费者的作用更为凸显。为了更好地利用公共采购从需求侧对市场的重要引导和调控作用，欧盟试图通过欧盟公共采购指令的现代化来促进采购程序的简化和灵活性，以及推动对具备环境可持续、社会责任性采购的发展。⑥ 为此欧盟在《单一市场法

---

① 指令/2004/18/EC，第 56 条至第 62 条。

② 指令 2004/18/EC 第 17 条。

③ 指令 2004/17/EC 第 18 条。

④ Directive 2007/66/EC of the European Parliament and of the Council of 11 December 2007.

⑤ Evaluation report—impact and effectiveness of EU pp legislation, part I.

⑥ Commission Communication（COM（2011）206 of 13.04.2011）to the European Parliament, the Council, the Economic and Social Committee and the Committee of the Regions: "a Single Market Act: 12 Levers to boost growth and strengthen confidence".

案》（*the Single Market Act*）① 中将"修订欧盟公共采购指令"被视为促进欧盟单一市场发展的十二个杠杆之一②。

2011 年 12 月，欧盟委员会提出了对欧盟公共采购指令进行修订的议案。该议案包括以下两个方面的内容：第一，对 2004/17/EC 指令和 2004/18/EC 指令进行修订；第二，制定关于特许经营合同授予的新指令。2014 年 1 月 15 日和 2014 年 2 月 11 日，欧盟议会和欧盟理事会分别批准了这些促进欧盟公共采购规则现代化的指令。2014 年 3 月 28 日，《欧盟官方公报》（*Official Journal of the European Union*）正式公布了这些新公共采购指令体系③：指令 2014/23/EC（以下简称《2014 特许经营指令》），指令 2014/24/EC（以下简称《2014 公共部门采购指令》），指令 2014/25/EC（以下简称《2014 公用事业采购指令》）。新制定的《2014 特许经营指令》已经将公共部门和公用事业部门实施的工程特许经营和服务特许经营都纳入了规制范围。

新公共采购指令体系已于正式公布之后的第 20 日，即 2014 年 4 月 17 日生效。至生效之后的 24 个月内，成员方应当制定或者修订其法律、法规以及行政规章使其与欧盟公共采购指令的规定相一致。为了完全实施电子采购方面的规定，成员方可以将实施期限再延长 30 个月。

相较于《2004 欧盟公共部门采购指令》与《2004 欧盟公用事业部门采购指令》而言，2014 年新修订的公共部门采购指令和公用事

---

① 《the Single Market Act》以促进欧洲经济繁荣和创造更多就业机会为目标，到目前为止共颁布了两个系列：《single market Act—twelve levers to boost growth and strengthen confidence》—COM（2011）206 final, Brussels, 13, 4, 2011. 和《single market Act II—Together for new growth》—COM（2012）573 final, Brussels, 3, 10, 2012.

② Commission Communication（COM（2011）206 of 13.04.2011）to the European Parliament, the Council, the Economic and Social Committee and the Committee of the Regions："a Single Market Act：12 Levers to boost growth and strengthen confidence".

③ Directive 2014/24/EU of the European Parliament and of the Council of 26 February 2014 on public procurement and repealing directive 2014/18/EC；Directive 2014/25/EU of the European Parliament and of the Council of 26 February 2014 on procurement by entities operating in the water, energy, transport and postal services sectors and repealing Directives 2004/17/EC；Directive 2014/23/EU of the European Parliament and of the Council of 26 February 2014 on the award of concession contracts.

业部门采购指令在适用范围、采购程序以及公共政策的考量等方面都有了进一步的完善。

在适用范围方面，其主要通过以下几种途径进一步澄清了公共采购指令体系的适用范围：

（1）专门制定社会服务及其他特殊服务的门槛价。《2004公共部门采购指令》饱受诟病的原因在于，因累赘型采购程序所产生的节约并不足以给其实施的行政成本提供正当性。因此有必要从门槛价的角度缩小欧盟采购指令的适用范围，仅规制较高金额的采购合同以及某些应当优先规制的、对欧盟内部单一市场有意义的采购合同，而将其余的公共合同留给成员国自行选择规制方式和具体的规制规则。但是由于受到WTO政府采购协定规则的约束，《2014公共部门采购指令》并未提高其门槛价。在门槛价方面的改变主要体现在，针对"社会服务和其他特殊服务"，包含健康医疗服务和教育服务等服务引入了新的专门的门槛价。该门槛价为750 000欧元，与其他类型服务的门槛价相比较而言要更高。

（2）废除优先类服务与非优先类服务的区别，制定规制社会服务及其他特殊服务的特殊规则。在采购客体规制方面的变化主要体现在废除了优先类服务和非优先类服务之间的区别（即废除了A类服务和B类服务之间的区别）。根据2004年采购指令的规定，只有列明在附件IIA中的服务才受到公共采购指令具体规则的规制，而列明在附件IIB中的服务只受采购指令关于技术规格和合同公布的部分规则的规制。但是2014年公共采购指令针对"社会服务和其他特殊服务"规定了特殊的采购制度，只需要受到"轻规则"的规制，即只需要在采购公告的公开、授予合同的原则、某些服务合同的预留等方面受到采购指令的规制。

（3）在公用事业采购指令中，将石油和天然气的开发排除在适用范围之外，因为这些部门已经被认为直接处于竞争状态之中。

（4）制定新指令对授予特许经营活动的行为进行规制。这次公共采购指令现代化的一个重要方面就是针对特许经营合同的授予制定了一个新的采购指令——指令2014/25/EU。该指令就规范和授予程序以及合同履行等进行了规制，整体而言与传统的采购指令相比其提供了一个更为宽松的规章制度。

（5）新指令对豁免情形进行了更加明确的法律规定。对豁免情形的清单并未有大的变动，但是吸收了欧盟判例法的规则，就公共部门之间合作以及内部提供这类豁免情形进行了明确规定，提供了法律上的确定性。指令设置豁免条件所依据的原则在于，努力实现公共当局自由组织公共服务与经济运营者公平进入市场之间的平衡。

在采购程序方面，这轮欧盟公共采购指令的修订的重要方面在于通过制定新的程序、对现有程序进行修订以及强制要求采购程序的实施过程运用电子通信方式，来降低采购成本、提高采购效率，促进采购程序的简化、提高采购规则的灵活性。

在公共政策考量方面，《2014 公共部门采购指令》体系已经将可持续公共采购置于一个战略性采购的地位。从政策目标的范围来看，其不再局限于《2004 公共部门采购指令》中所提及的环境和社会、劳动政策，而新增了促进创新和促进中小企业发展的政策目标。

本书将着重介绍与采购程序有关的主要修订内容，并且鉴于《2014 公共部门采购指令》和《2014 公用事业采购指令》在采购程序规则方面的基本一致性，本书将主要着重于依据《2014 公共部门采购指令》为主要文本进行分析和讨论。

第二节　2014 年欧盟"公共采购指令"体系的修订内容

一、关于"一般规则"方面的修订

（一）将遵守环境、社会和劳动法律方面的义务作为采购活动的基本原则之一

《2014 公共部门采购指令》第 18 条第 2 款在《2004 公共部门采

购指令》的基础上规定："成员国应当采取适当的措施确保在公共合同的履行过程中经济运营者遵守根据欧盟法律、国家法律、集体劳动协议，或者根据附件 X 所列出的国际环境法、国际社会法和国际劳动法，所规定的环境、社会和劳动方面的义务。"这表明，公共合同的中标人在合同履行过程中应当遵守相关环境、社会和劳动法律方面的义务已经被视为采购的基本原则之一。

（二）赋予了采购当局可以向经济运营者施加保密性要求的裁量权

《2014 公共部门采购指令》第 21 条第 2 款在原有保密性要求的基础上，赋予了采购当局可以向经济运营者施加保密性要求的裁量权。具体条文如下："采购当局可以向经济运营者施加要求，旨在保护采购当局在采购程序中所提供的具备秘密属性的信息。"

（三）在规定了电子通信的基础上，《2014 公共部门采购指令》也允许使用口头通信

《2014 公共部门采购指令》第 22 条第 2 款新增了关于运用口头通信的规定。具体内容为："尽管存在第 1 款的规定，也可以运用口头通信于采购程序的非重要因素，只要口头通信的内容充分地被归档。为此目的，采购程序的重要因素包括采购文件、参与邀请书、表示感兴趣的确认书和投标确认书。尤其是，当与投标人之间的口头通信将会对投标书的内容和评估产生重大影响时，应当通过合适的方式充分地对口头通信进行归档，例如书面形式或者录音形式或通过对通信的主要要素进行概述总结。"

第一，其允许运用口头通信。第二，其规定了运用口头通信的条件，即需要口头通信的内容被充分地归档。第三，其规定了口头通信可以被运用于的文件，及非重要因素。并且明确了哪些类文件属于重要因素，即不可以适用口头通信的对象。第四，强调了需要特别注意对口头通信内容进行归档的情形。

（四）在通信过程中允许适用特殊的工具或设备，但是应当注意工具和设备的可获得性

《2014 公共部门采购指令》第 22 条第 4 款规定：

对于公共工程合同和设计竞赛而言，成员国可以要求使用特殊的电子化工具，例如建筑物信息电子化模型工具或与之相似的工具。在这种情形下，采购当局应当提供像第 5 款规定的一样的替代性参与方式，直到这些工具变成普遍可以获取的为止。

《2014 公共部门采购指令》第 22 条第 5 款规定：

采购当局可以，在必要时，要求运用不是可以普遍获得的工具和设备，只要采购当局提供替代性的获取方式。

在下列任何情形中，采购当局应当被认定为提供了合适的替代性工具：

（a）从根据附件 VIII 发布公告之日起，或者从确认兴趣邀请函发出之日起，如果他们通过电子方式提供了不受限制的且完全直接免费获取的工具和设备，在公告内容或者确认兴趣邀请函中应当注明可以获得这些工具和设备的互联网地址；

（b）若确定投标人没有获得相关工具和设备，或者确定不可能在相关期限内获得，只要不能获得相关工具和设备的责任不归咎于相关投标人，那么采购当局可以通过在网上提供可以免费获取的临时性"令牌"让投标人参与到采购程序中；或者

（c）支持运用一种替代性的渠道来实施电子投标。

这两款规定了在通信过程中可以不运用具备普遍可获得性的工具或设备的情形。第一种情形规定成员国可以针对公共工程合同和设计竞赛合同要求使用特殊的电子化工具，第二种情形规定采购当局自身在必要时也可以要求使用不是可以普遍获得的工具和设备。但是在两种情形下，采购当局都有负有提供合适的可替代性参与工具的义务。并且该条文列举了几种可以视为采购当局履行了该义务的情形。

（五）新增了关于"利益冲突"的规定

《2014 公共部门采购指令》第 24 条规定：

成员国应当确保采购当局采取适当的措施来有效阻止、认定和救济采购程序实施过程中的引起的利益冲突，以避免任何对竞争的扭曲并确保平等对待所有的经济运营者。

利益冲突的概念应当至少涵盖以下任何一种情形：涉及采购程序的实施或者可以对该采购结果产生影响的采购当局的工作人员或代表采购当局利益的某个采购服务提供者的工作人员，直接或间接地具备可能会损害其在采购程序中的公正性和独立性的资金、经济或其他人事利益。

该规定向成员国施加了应当确保采购当局采取适当措施来阻止利益冲突的义务。相关措施应当涉及利益冲突的阻止、认定和救济等三个方面。设置该项义务的主要目的在于避免采购程序中因为利益冲突情形的出现而扭曲竞争，从而不能保证平等对待所有经济运营者。

该规定还明确了，与利益冲突的有关措施至少应当涉及某些典型的利益冲突。通过几个要素，该规定描述了应当在各成员国普遍被禁止的利益冲突：第一，利益冲突所涉及的人员的范围涵盖了采购当局的工作人员或代表采购当局利益的某个采购服务提供者的工作人员；第二，这些工作人员可能直接涉及采购程序的实施，也可能并未直接涉及程序实施，但是对采购结果却可以产生影响；第三，所涉及的利益是只是可能会损害其在采购程序中的公正性和独立性的资金、经济或其他人事利益；第四，这些工作人员可能直接地具备这些利益，也可以间接地具备这些利益。

二、关于"采购程序"方面的修订

（一）允许次中央采购实体在特定采购程序中运用"事先信息公告"的方式来邀请竞争

《2014 公共部门采购指令》第 26 条第 5 款第二段规定："如果通

过限制性程序或带谈判的竞争性程序来授予合同，成员国可以规定，尽管存在着本款第一项的规定，次中央采购当局或次中央当局的特殊类型可以根据第 48 条第（2）款规定的事先信息公告（a prior information notice）方式来发布邀请竞争的公告。"

一般而言，邀请竞争的方式应当是发布公告。但是《2014 公共部门采购指令》赋予了成员国授权次中央政府实体或者某些特定的次中央政府实体，在使用限制性程序或带谈判的竞争性程序来采购时，可运用发布"事先信息公告"的方式来发布竞争邀请。

（二）在公开性程序中可以因紧急情况而缩短接收投标书的最短期限

《2014 公共部门采购指令》第 27 条第 3 款规定："如果因采购当局可以证明的合理的紧急情况，致使本条第 1 款第 2 项所规定的接受投标书的最短期限变得不切实际，采购当局可以固定一个期限，但是该期限从合同公告发送之日算起不得少于 15 天。"

在公开性程序中，一般而言接收投标书的最短期限应当是从发送合同公告之日起 35 天。但是《2014 公共部门采购指令》规定，若因可以证明的合理的紧急情况致使该一般最短期限变得不切实际时，采购当局可以固定一个期限，但是该期限从合同公告发送之日算起不得少于 15 天。

（三）在公开性程序中可以因运用电子方式递交投标书而减少接收投标书的最短期限

《2014 公共部门采购指令》第 27 条第 4 款规定："采购当局可以将本条第 1 款第 2 项所规定的接受投标书的最短期限减少 5 天，如果其接受可以通过符合第 22 条第 1 款和第 22 条第 5 款和第 6 款规定的电子方式递交的投标书。"

该规定表明，在公开性程序中，因为运用了符合规定的电子方式进行投标时的递交，采购当局可以将接收投标书的最短期限减少 5 天。

（四）在限制性程序中采购当局和被选择的候选人之间可以共同确定具体的接收投标书的期限

《2014 公共部门采购指令》第 28 条第 4 款规定："成员国可以规定，所有或特定类型的次中央采购实体可以通过采购当局和被选择的候选人之间的相互协议（mutual agreement）来设置接收投标书的期限，只要所有被选择的候选人有同等的时间来准备和递交投标书。如果缺乏针对接收投标书期限的协议，那么该期限应当从投标邀请书发送之日起至少 10 天。"

该规定赋予了欧盟成员国在确定限制性程序中接收投标书期限的裁量权。其允许成员国规定，允许所有或者某些类型的次中央采购实体在采购程序过程中与被选择的候选人之间共同确定接收投标书的期限。该期限不受一般的最短投标期限的限制。但是该期限的设置必须符合一定条件：一是期限的设置需通过相互协议来设置，即要求期限的设置是基于双方的合意；二是期限的设置需为所有被选择的候选人提供相同的时间来准备和递交投标书。

（五）在限制性程序中可以因运用电子方式递交投标书而减少接收投标书的最短期限

《2014 公共部门采购指令》第 28 条第 5 款规定："本条第 2 款规定的接收投标书的最短期限可以减少 5 天，如果该采购当局接受可以通过符合第 22 条第 1 款和第 22 条第 5 款和第 6 款规定的电子方式递交的投标书。"

该规定表明，在限制性程序中，因为运用了符合规定的电子方式进行投标时的递交，采购当局可以将接收投标书的最短期限减少 5 天。

（六）在"带谈判的竞争性程序"中新增了关于确定采购标的物和合同授予标准的要求

第 29 条第 1 款第 2 段规定："在采购文件中，采购当局应当通过描述其需求以及需要采购的货物、工程或服务的特征来确定采购的标的物，并且明确合同的授予标准。它们应当同样明确用来界定所有投标书都应当满足的最低要求的描述要素。"

第29条第1款第2段规定："所提供的信息应当足够精确从而使得经济运营者可以确定采购的性质和范围从而决定是否申请参与该程序。"

虽然是"带谈判的竞争性程序"，但是《2014公共部门采购指令》已经明确在该程序的使用过程中，采购当局应当在采购文件中通过描述需求及标的物的特征来确定需要采购的标的物以及明确合同授予标准，从而为经济运营者提供足够精确的信息，使得经济运营者可以确定采购的性质和范围从而决定是否申请参与该程序。

（七）在"带谈判的竞争性程序"中允许采购当局在特定条件下不进行谈判而授予合同

第29条第1款规定："如果采购当局在合同公告或者确认兴趣邀请书中明确了其保留了不经谈判以首次投标书为基础授予合同的权利，那么采购当局可以这么做。"

这表明，虽然为"带谈判的竞争性程序"，但是若采购当局在合同公告或者确认兴趣邀请书中明确地保留了不经谈判而是以首次投标书为基础授予合同的权利，那么采购当局可以不进行谈判而授予合同。

（八）新设置了"创新性伙伴关系"作为采购程序之一

《2014公共部门采购指令》第31条规定：

1. 在创新伙伴关系中，任何经济运营者可以递交一份参与申请书以响应采购当局提出资格选择条件信息的合同公告。

在采购文件中，采购当局应当确定对创新性产品、服务或工程的需求，这些需求不能够通过采购市场上已经可以获得的货物、服务或工程来满足。其应当界定描述要素以明确所有投标人都应当满足的最低要求。提供的信息应当足够明晰以使得经济运营者可以明确要求的解决方案的性质和范围，并且决定是否申请参与该程序。

采购当局可以决定与一个或多个实施分别研发活动的参与方建立创新伙伴关系。

接收参与申请书的最短期限从合同公告发送之日算起30天。只有那些经过采购当局对信息进行评估之后被邀请的经济运营者才可以参与该程序。采购当局可以根据第65条的规定限制被邀请参与程序的合格候选人的数量。仅应当根据第67条规定的最佳性价比授予标准为基础来授予合同。

2. 创新伙伴关系应当以开发创新性货物、服务或工程，并且继而采购经创新后的货物、服务或工程为目的，如果其响应了采购当局和参与者之间协定的绩效水平和最大成本。

在经过研发流程中的各阶段之后，应当在后续阶段中构建创新伙伴关系，其可能包括制造某些产品、提供某些服务或完成某些工程。创新伙伴关系应当设置伙伴方应当实现的中期目标，并且适当的分期支付报酬。

以这些目标为基础，在每个结束阶段之后采购当局可以决定终止伙伴关系或者，在与若干个参与方缔结创新伙伴关系的情形下，通过终止个别合同来减少参与方的数量，只要采购当局在采购文件中明确了这些可能性及其实施条件。

3. 除非本条有其他规定，采购当局应当与投标人之间就首次投标书和其提交的所有后续投标书（最终投标书除外）进行谈判，以改善投标书的内容。

最低要求和授予标准不应当被作为谈判的客体。

4. 在谈判过程中，采购当局应当平等对待所有的投标人。为此目的，它们不应当以歧视性的可能会给予某些投标人相对优势的方式提供信息。它们应当根据第5款的规定，以书面形式告知所有投标书未被排除在外的投标人，关于技术规格或其他采购文件的任何变更，设置最低要求的除外。在做出这些变更之后，采购当局应当为投标人提供适当的足够时间来修改和重新提交经修订的投标书。

根据第21条的规定，在未经某个候选人或参与谈判程序的投标人的同意,采购当局不应当向其他参与者披露其提供的保密信息。这种协议不应采取一般豁免的形式,而是应当提及预期通信中的具体信息。

5. 在创新伙伴关系程序过程中,为了减少运用合同公告、确认兴趣邀请书或其他采购文件中规定的授予标准进行谈判的投标书的数量,可以在后续阶段中运用谈判。在合同公告、确认兴趣邀请书或者采购文件中,采购当局应当明确其是否将运用这些选择方案。

6. 在选择候选人过程中,采购当局应当特别适用与候选人在研发领域的能力以及制定和实施创新性解决方案的能力相关的标准。

只有那些经过采购当局对信息进行评估之后被邀请的经济运营者才可以递交研发项目,目的在于满足采购当局所确定的、不能够被既存解决方案满足的需求。

在采购文件中,采购当局应当界定适用于知识产权的安排。根据第 21 条的规定,在与多个参与方缔结创新伙伴关系的情形下,未经伙伴关系框架参与方的同意,采购当局不应当向其他参与方披露建议性解决方案或其他保密信息。这种协议不应采取一般豁免的形式,而是应当提及预期通信中的具体信息。

7. 采购当局应当确保伙伴关系的结构,尤其是不同阶段的期限和价值,反映建议性的解决方案的程度,以及制定市场上还尚不存在的创新性解决方案所需的研究和创新活动的结果。

经评估的货物、服务或工程的价值不应当与开发它们的投资不相适应。

与 2004 年公共采购指令体系相比较而言,2014 年公共采购指令体系新设定了"创新性伙伴关系"这类新采购程序。具体而言,《2014 公共部门采购指令》和《2014 公用事业采购指令》对创新性伙伴关系的规制主要体现在以下几个方面①:

第一,对采购文件的规制。在采购文件中,采购实体应当确定对

---

① 这部分是以《2014 公用事业采购指令》的相关规定为基础进行分析的,但是两个采购指令关于该程序的规定并无出入。

创新性产品、服务或工程的需求，这些需求不能够通过采购市场上已经可以获得的货物、服务或工程来满足。其应当界定描述要素以明确所有投标人都应当满足的最低要求。提供的信息应当足够明晰以使得经济运营者可以明确要求的解决方案的性质和范围，并且决定是否申请参与该程序。在采购文件中，采购实体应当界定适用于知识产权的安排。在与多个参与方缔结创新伙伴关系的情形下，未经伙伴关系框架参与方的同意，采购实体不应当向其他参与方披露建议性解决方案或其他保密信息。

第二，对递交参与申请书的规制。在创新伙伴关系中，任何经济运营者可以递交一份参与申请书以响应采购实体提出资格选择条件信息的合同公告。

第三，接收参与申请书的最短期限。一般而言，接收参与申请书的最短期限从合同公告发送之日算起30天。在任何情形下，接收参与申请书的最短期限不少于15天。

第四，候选人的选择。在选择候选人过程中，采购实体尤其应当运用与候选人在研发领域的能力以及制定和实施创新性解决方案的能力相关的标准。只有那些经过采购实体对信息进行评估之后被邀请的经济运营者才可以递交研发项目，目的在于满足采购实体所确定的、不能够被现有解决方案满足的需求。采购实体可以根据相关规定①限制被邀请参与程序的合格候选人的数量。

第五，对设立创新性伙伴关系的规制。一是设立目的。创新伙伴关系应当以发展创新性货物、服务或工程，并且如果经过创新之后生产出来的货物、服务或工程响应了采购实体和参与者之间协定的绩效水平和最大成本，那么继而对其进行采购为目的。二是设立数量。采购实体可以决定与一个或多个实施分别研发活动的参与方建立创新伙伴关系。三是创新性伙伴关系的建立。在经过研发流程中的各阶段之后，应当在后续阶段中构建创新伙伴关系，其可能包括制造某些产品、提供某些服务或完成某些工程。创新伙伴关系应当设置伙伴方应

---

① 第78条第（2）款。

当实现的中期目标，并且适当的分期支付报酬。四是创新性伙伴关系
数量的减少。以这些目标为基础，在每个结束阶段之后采购实体可以
决定终止伙伴关系，或者，在与若干个参与方缔结创新伙伴关系的情
形下，通过终止个别合同来减少参与方的数量，只要采购实体在采购
文件中明确了这些可能性及其实施条件。五是伙伴关系的期限和价
值。采购实体应当确保伙伴关系的结构，尤其是不同阶段的期限和价
值，反映建议性的解决方案的程度，以及制定市场上还尚不存在的创
新性解决方案所需的研究和创新活动的结果。经评估的货物、服务或
工程的价值不应当与发展它们的投资不相适应。

第六，谈判的运用。一是谈判的环节和客体。一般而言，采购实
体应当与投标人之间就首次投标书和其提交的所有后续投标书进行谈
判，最终投标书除外，以改善投标书的内容。最低要求和授予标准不
应当被作为谈判的客体。二是谈判过程中的平等和非歧视义务。在谈
判过程中，采购实体应当平等对待所有的投标人。为此目的，采购实
体不应当以歧视性的可能会给予某些投标人相对优势的方式提供信
息。三是信息的变更与修订。采购实体应当以书面形式告知所有投标
书未被排除在外的投标人，关于技术规格或其他采购文件的任何变
更，设置最低要求的除外。在做出这些变更之后，采购实体应当为投
标人提供适当的足够时间来修改和重新提交经修订的投标书。四是保
密义务。在未经某个候选人或参与谈判程序的投标人的同意，采购实
体不应当向其他参与者披露其提供的保密信息。五是谈判的运用。在
创新伙伴关系程序过程中，为了减少运用合同公告、确认兴趣邀请书
或其他采购文件中规定的授予标准进行谈判的投标书的数量，可以在
后续阶段中运用谈判。在合同公告、确认兴趣邀请书或者采购文件
中，采购实体应当明确其是否将运用这些选择方案。

第七，对授予标准的规制。仅应当根据最佳性价比授予标准为基
础来授予合同。

创新性伙伴关系实质上是将研发程序与对研发结果的采购融合为
一个采购程序。有学者表示对将这两个程序融合为一个程序是否会产

生额外的成本和风险及所带来的法律不确定性的担忧。① 这些担忧还有待时间的检验，但可以预期的是，当 2014 公共采购指令体系正式实施之后，采购人采购创新性服务和工程时，将会更多地适用此类采购程序。

三、关于"电子采购和集中采购的技术和工具"方面的修订

（一）关于"动态采购系统"的修订

第 34 条第 7 款规定：

采购当局可以在动态采购系统有效期内的任何时间要求被获准参与该系统的参与者，在要求发送之日起 5 日内，提交一份第 59 条第 1 款所提及的最新的自我申明。

第 59 条第 4 款至第 6 款应当适用于动态采购系统的整个有效期间。

第 34 条第 8 款规定：

采购当局应当在邀请竞争的公告中指示动态采购系统的有效期间。在有效期间，他们应当将任何变更通过使用下列标准形式通知欧盟委员会：（a）如果有效期间的变更不会导致系统的终止，使用最初发布关于动态采购系统竞争邀请公告时的格式；（b）如果系统终止，使用第 50 条所提及的合同授予通知。

新增的第 7 款旨在为了适应新欧盟指令体系所推行的《欧洲统一采购文件》（ESPD）有关的制度，将其运用于动态采购系统。相较于后者的一般性规定，该款有关要求提供自我申明的条件以及提交期限的规定应当属于特殊性规定。

新增的第 8 款旨在向采购当局施加向欧盟委员会报告变更动态采

① Pedro Telles and Luke R. A. Bulter (2014). Public Procurement Award Procedures in Directive 2014/24/EU, in Francois Lichere, Roberto Caranta & Steen Treumer (eds.) Modernising Public Procurement: the New Directive, DJ øF Publishing, pp. 181 – 182.

购系统有效期间的义务。

（二）新增关于"电子目录"的规定

第36条规定：

1. 在要求使用电子方式进行通信的情形下，采购当局可以要求投标书以电子目录的格式进行呈现或者要求投标书包含一份电子目录。

成员国可以针对某些类型的采购强制性要求使用电子目录。

以电子形式呈现的投标书可以附加其他文件从而一起构成完整的投标书。

2. 电子目录应当由为了参加既定采购程序的候选人或者投标人根据采购当局所确定的技术标准以及格式进行制定。

此外，电子目录应当符合关于电子通信工具的要求以及采购当局根据第22条所设置的任何额外要求。

3. 如果以电子目录的方式呈现投标书被接受或者被要求，采购当局应当：

（a）在合同公告中或者当使用事先信息公告作为邀请竞争的方式时应当在确认兴趣邀请函中进行相关陈述；

（b）在采购文件中指明根据第22条第6款所必要的与格式、使用的电子设备以及关于目录的技术衔接安排和技术规格的有关的信息。

4. 如果在以电子目录形式提交投标书之后与多个经济运营者缔结了框架协议，采购当局可以规定基于更新的电子目录重启竞争以授予具体合同。在这种情形下，采购当局应当适用下列方式之一：

（a）邀请投标人重新提交其电子目录，更新电子目录从而适应该合同的要求；或者

（b）通知投标人其计划从投标人已经提交的电子目录中收集所需要的构成投标书的信息，以适用该合同的要求；只要该方法的运用已经在关于框架协议的采购文件中被宣告了。

5. 如果采购当局根据第4款（b）项重启竞争以授予具体合同，

他们应当通知投标人关于其计划根据具体合同的要求收集构成投标书所需信息的具体日期和时间，从而给予投标人拒绝该信息收集的可能性。

采购当局应当在发布通知和真正开展信息收集之间留出一个合适的期间。

在授予合同之前，采购当局应当向有关投标人呈现所收集到的信息，从而给予投标人表示异议或者确认的机会，不至于使得投标书包含任何重大错误。

6. 采购当局可以基于动态采购系统，通过要求以电子目录的形式提交呈现关于针对具体合同的报价，从而授予合同。

采购当局同样可以基于动态采购系统，根据本条第 4 款（b）项和第 5 款的规定，从而授予合同；只要关于申请参与动态采购系统的请求依据采购当局制定的关于技术规格和形式的要求附有一份电子目录。当候选人被采购当局通过根据第 4 款第（b）项所规定的程序方法告知其将构成投标书的意图时，候选人应当随之将其提交的电子目录补充完整。

该条文旨在促进通过电子目录的方式或者包含电子目录的方式提交投标书。该条文规定了电子目录的制定以及电子目录的运用。对于采购当局而言，如果其接受或者要求使用电子目录的方式呈现投标书，其应当在相关公告中进行宣告。该条文还着重规制了在框架协议框架下以及动态采购系统中如果运用电子目录的方式提交投标书。

（三）要求所有集中采购机构所实施的所有采购程序都运用电子方式进行通信

第 37 条第 3 款规定："集中采购机构所实施的所有采购程序都应该根据第 22 条所设置的要求运用电子方式实施通信。"

该条款旨在为集中采购机构施加了运用电子方式实施通信的强制性要求，以推进电子采购方式的发展。

（四） 新增关于"偶尔的联合采购"（occasional joint pro-curement） 的规定

第 38 条规定：

1. 两个或者多个采购当局可以同意联合实施某些具体的采购。

2. 如果整个采购程序是以所有有关采购当局的名义并且为了所有有关采购当局的利益而联合实施，那么其所有采购当局应当针对其在本指令下所负有的履行义务承担连带责任。这同样适用于一个采购当局管理采购程序，为了自身利益和其他有关采购当局利益而行为的情形。

如果并非整个采购程序的实施都以有关采购当局的名义以及为所有有关采购当局的利益，那么有关采购将仅针对联合实施的那部分采购程序承担连带责任。每个采购当局应当针对以其自己名义和为其自己利益而实施的部分承担本指令下所负有的履行义务的单独责任。

该条文明确了不同的采购当局之间可以一起为了某些具体的采购项目而实施联合采购。并且该条文界定了不同情形以及不同程度下，采购当局之间承担责任的类型。若整个采购程序都是为了所有有关采购当局的利益而实施，那么采购当局之间应当针对其在指令中负有的义务而承担连带责任。若部分采购程序以所有有关采购当局的利益而实施，部分采购程序由各采购当局分别以自己的利益而实施，那么针对前部分所涉及的采购活动有关采购当局之间应当承担连带责任，针对后部分所涉及的采购活动有关采购当局各自承担单独责任。

（五） 新增关于"涉及来自不同成员国的采购当局的采购" 的规定

第 39 条规定：

在不违背第 12 条有关规定的前提下，来自不同成员方的采购当局可以通过使用本条所规定的方式之一联合授予公共合同。

采购当局不应当为了避免适用与相关欧盟法（对于这些欧盟法而言其是该成员国相关法律的主体） 相符合的公法条文中的强制性

规定而使用本条所规定的方式。

2. 成员方不应当禁止其采购当局使用位于其他成员国的集中采购机制所提供的集中采购活动。

但针对位于其他成员国的机制采购机构所提供的机制采购活动而言，成员国可以选择明确其国内采购当局仅可以使用第 2 条第 1 款第 14 项中的（a）类或者（b）类所界定的集中采购活动。

3. 位于其他成员方的集中采购机构所提供的集中采购活动的实施应当符合该集中采购机构所处的成员国国内法律的规定。

该集中采购机构所处的成员国国内法律的规定应当同样适用于以下几个方面：

（a）在动态采购系统中授予一项合同；

（b）在框架协议之下实施重启的竞争；

（c）根据第 33 条第 4 款第（a）项或者（b）项的规定确定框架协议中哪个经济运营者应当履行既定的任务。

4. 来自不同成员国的若干个采购当局可以联合授予一项公共合同，缔结一项框架协议和运行一个动态采购系统。他们同样也可以，根据第 33 条第 2 款所规定的程度，基于框架协议或者动态采购系统而授予合同。除非相关成员国所缔结的国际协议规制了某些必要因素，参与的采购当局应当缔结一份确定以下要素的协议：

（a）参与方的责任以及可适用的相关国内法规；

（b）采购程序的内部组织，包含程序的管理、将要采购的工程、货物或服务的分配，以及合同的缔结。

当某个参与的采购当局从负责实施采购程序的采购当局处购买了工程、货物或服务，则其履行了在本指令下的义务。当确定上述（b）项提及的责任和可适用的国内法时，参与的采购当局可以在其中间分配具体的责任并且确定适用任何其各自成员国的国内法律。责任的分配以及可适用的法律应当在为了实施联合授予合同而发布的采购文件中被提及。

5. 如果来自不同成员国的若干个采购当局设置了一个联合实体，包括依据欧洲议会和理事会第 1082/2006 号条例所成立的 European

Groupings of territorial cooperation 或者根据欧盟法律所成立的其他实体，参与的采购当局应当通过联合实体的职能机构的一项决定就下列成员国之一的国内采购规则达成协议：

（a）联合实体注册办公室所在地的成员国的国内法；

（b）联合实体开展活动所在地的成员国的国内法。

上述第一小段中所提及的协议可以不定期限的适用直至通过联合实体的后续行为而将其变更为固定期限；或者可以被限定为特定期限，特定合同或者一个或者多个单独的合同授予。

该条旨在允许跨欧盟成员国之间的采购当局实施联合采购。但是该联合采购的实施并不能以规避采购当局所在国国内法律上的强制性义务为目的。该联合采购的实施需要采取该条所规定的几类方式。具体而言主要有：通过使用位于其他成员国的集中采购机构所提供的集中采购活动的方式；通过联合授予合同、框架协议或者运作动态采购系统的方式；通过成立联合实体开展采购活动的方式。该条文又针对不同方式的运用进行了规制。该条文在实践中的实施将有利于整合欧盟不同成员国之间的采购资源，发挥集合采购需求的规模效应。

四、关于"采购程序的实施"方面的修订[1]

（一）新增关于"事先的市场咨询"[2]方面的规定

在《2004 公共部门采购指令》体系中，只是在指令的序言中提及了有关进行事先的市场咨询的规定，但是在《2014 公共部门采购指令》和《2014 公用事业采购指令》中都对其在条文正文中进行了规定。例如，《2014 公共部门采购指令》第 40 条规定：

在发起一项采购程序之前，采购当局可以以准备采购和告知经济运营者其采购需求和计划为目的，实施市场咨询。

---

① 这与(二)有区别,(二)主要是采购程序的规定,而这里具体指采购程序的实施中的一些事项。

② 参见：指令 2014/24/EU 第 40 条及指令 2014/25/EU 第 58 条。

为此目的，采购当局可以寻求或者接受来自独立专家或当局的建议或者来自市场参与者的建议。这些建议可以被用在计划和实施采购程序方面，只要这些建议并不会产生歧视竞争和导致违背非歧视性和透明度原则的结果。

在采购实体发起一项采购程序之前，《2014 公共部门采购指令》和《2014 公用事业采购指令》允许采购实体基于准备采购和告知经济运营者其采购需求和计划的目的，可以进行市场咨询。在市场咨询的过程中，采购实体可以寻求或者接受来自独立专家的建议或当局的建议，或者来自市场参与者的建议。这些建议可以被用在计划和实施采购程序方面，只要这些建议并不会产生扭曲竞争和导致违背非歧视性和透明度原则的结果。

（二）新增关于"候选人或投标人的事先参与"的规定①

《2014 公共部门采购指令》第 41 条规定：

如果一个候选人或投标人或者某个与候选人或投标人有关的企业已经向采购当局提供了建议，那么无论是否属于第 40 条规定的情形，或者涉及了采购程序准备阶段的其他方面，该采购实体应当采取适当的措施来确保该参与者或投标人的参与并未扭曲竞争。

这些措施应当包含，向其他候选人或者投标人告知这些候选人或投标人在采购程序的准备阶段进行交换的相关信息，以及为接收投标书确定一个适当的期限。只有不存在其他方式可以确保遵守平等对待原则的责任时，才应当将该相关候选人或投标人排除在外。

在进行任何这些排除之前，候选人或投标人应当被给予机会来证明其参与准备采购程序的行为并不足以扭曲竞争。采取的措施应当在第 84 条要求的个别报告（individual report）中进行归档。

在采购准备阶段，候选人或投标人也可能事先参与进来，例如，采购人在实施事先市场咨询的过程中可能会采集到候选人或投标人的

---

① 参见：指令 2014/24/EU 第 41 条及指令 2014/25/EU 第 59 条。

建议，尤其是当市场主体数量有限或者主要的市场主体有限时。一般情形下，欧盟公共采购指令体系都允许候选人或投标人在采购程序准备阶段向采购人提供建议之后，参与正式的采购程序。但是要求采购人应当采取适当的措施来确保该候选人或投标人的参与并未扭曲竞争。这些措施[1]应当包含：第一，向其他候选人或者投标人告知这些候选人或者投标人在采购程序准备阶段进行交换的相关信息；第二，为接收投标书确定一个适当的期限。前一措施是考虑到信息公平的重要性，及保证所有的候选人或投标人都能获得相同的信息。后一措施是考虑到不能够因为参与了采购准备阶段的咨询给予这些候选人或投标人在准备投标书的时间方面的优势。因为同样的短时间内，事先参与的候选人或投标人可能更能理解该采购项目中采购人的需求，所以需要考虑到未事先参与的候选人或投标人理解采购项目并进行投标准备所需的时间。

一般情形下不能将事先参与了采购准备阶段的候选人或投标人排除在外，否则这些候选人或投标人将不会有参与采购准备阶段的意愿，采购人也将很难正确的界定其采购需求及采购计划。但是，如果不存在其他措施可以确保采购人遵守了其负有的平等对待所有候选人或投标人的责任时，应当将该相关候选人或投标人排除在采购程序之外。也就是说，只有不存在着可以确保遵守平等对待原则的措施时，才能将其排除，否则不能因为其参与采购准备阶段并给予了采购人建议而将其排除。在采购人做出将该候选人或投标人排除在采购程序之外的决定之前，该候选人或投标人应当被给予机会来证明其参与采购准备阶段的行为并不足以扭曲竞争。

（三）新增关于"划分标段"[2] 方面的规定

《2014 公共部门采购指令》第 46 条规定：

---

① 采购人应当针对其采取的措施在第 2014/24/EU 第 84 条或指令 2014/25/EU 第 100 条规定的单独报告（individual report）中进行归档。

② 参见：指令 2014/24/EU 第 46 条及指令 2014/25/EU 第 65 条。

1. 采购当局可以决定以划分的多个标段的形式授予一项合同，并且可以决定每个标段的规模和标的物。

除了那些应当根据本条第 4 款强制要求进行划分标段的合同外，采购应当在采购文件或者第 84 条所指的单独报告中明确其不针对合同划分标段的主要理由。

2. 采购当局应当在合同公告或者在确认兴趣邀请书中明确，是否投标书可以针对一个、多个或所有标段进行投标。

采购当局可以，甚至当采购可以针对多个或所有标段进行投标时，限制可以向一个投标人授予标段的数量，只要在合同公告或者确认兴趣邀请书中明确每个投标人可以被授予的最大的标段数量。如果授予标准的适用将会导致一个投标人被授予超过最大数量的标段，采购当局应当在采购文件中明确其打算用来决定将被授予哪些标段的客观非歧视性标准或规则。

3. 成员国可以规定，如果大于一个标段将被授予同一个投标人，采购当局可以将若干或所有标段结合在一起授予多个合同，如果它们在合同公告或确认兴趣邀请书中明确其将保留这样做的可能性，并且明确可能会被进行整合的标段或标段组。

4. 成员国可以通过以下方式来实施第 1 款第 2 项：在国内法律规定的条件下，尊重欧盟法律的同时，使得采购当局负有义务以分离的多个标段的形式来授予多个合同。在这些情形下，应当适用第 2 款第 1 项的规定，必要时适用第 3 款的规定。

在促进中小企业发展的背景下，2014 欧盟公共采购指令明确支持和鼓励划分标段，下文将以《2014 公共部门采购指令》针对该规定进行介绍。

其对划分标段的规制，区分了采购实体拥有的裁量权和成员国拥有的裁量权。采购实体拥有的裁量权主要体现在以下几个方面：第一，是否划分标段的决定权。采购实体可以决定以分离的多个标段的形式授予一项合同，并且可以决定每个标段的规模和标的物。第二，限制每个投标人可以获得的最多标段。采购实体可以，甚至当采购可以针对多个或所有标段进行投标时，限制向一个投标人授予标段的数量，只要在合同公告、确认兴趣邀请书、邀请投标书或邀请谈判书中明确每个投标人可以被授予的最大的标段数量。

同时，采购实体应当遵守以下义务：第一，若采购实体决定划分多个标段，应当遵守事先公告的义务。采购实体应当在合同公告或者在确认兴趣邀请书中明确，或者如果运用"关于现有资格准入制度公告"作为邀请竞争的方式，那么应当在邀请投标书或者邀请谈判书中明确，是否投标书可以针对一个、多个或所有标段进行投标。第二，制定客观非歧视性的标准或规则。如果授予标准的适用，将会导致一个投标人被授予超过最大数量的标段，采购实体应当在采购文件中明确其打算用来决定将被授予哪些标段的客观非歧视性标准或规则。

成员国层面的裁量权体现在以下两个方面：第一，采购实体是否可以将若干标段进行整合而授予合同。成员国可以规定，如果大于一个标段将被授予同一个投标人，采购实体可以将若干或所有标段结合在一起授予多个合同，如果它们在合同公告、确认兴趣邀请书、邀请投标书或邀请谈判书中明确了其将保留这样做的可能性，并且明确可能会被进行整合的标段或标段组。这意味着，如果成员国国内法律中并未做出关于整合的规定，采购实体能够对此进行整合。第二，成员国可以为采购实体施加强制性的划分标段的义务。成员国可以在尊重欧盟法律的同时，在国内法律中规定某些条件，使得采购实体负有义务以分离的多个标段的形式来授予多个合同。

五、关于"公开和透明度"方面的修订

（一）关于"事先的信息公告"方面的新增规定

第48条第2款规定：

对于限制性程序和带谈判的竞争性程序而言，根据第26条第5款的规定，次中央采购当局可以运用一项事先信息公告作为邀请竞争的方式，只要该公告满足下列所有条件：

（a）其特别提及了，作为即将被授予合同标的物的货物、工程或服务；

（b）其指明将通过限制性程序或不带进一步发布竞争邀请的、带谈判的竞争性程序来授予合同，并且邀请了感兴趣的经济运营者来表达其兴趣；

（c）除了 Annex V part B section I 规定的信息之外，其还包含了 Annex V part B section II 所规定的信息；

（d）其在第 54 条第 1 款提及的邀请书发送日之前的 35 天至 12 个月内已经被发送出来进行公告。

这些公告不应当在购买者档案中进行发布。但是，根据第 52 条的规定应在国内层面进行的额外公告，如果需要的话，可以在购买者档案中进行公开。

该事先信息公告涵盖的期间应当从为了发布将公告发送之日算起最长 12 个月。但是，为了提供社会或其他特殊服务而授予公共合同时，第 75 条第 1 款第（b）项所提及的事先信息公告可以涵盖长于 12 个月的期限。

事先信息公告（prior information notices）是采购当局使外界知晓其采购计划意图的方式。这样感兴趣的供应商可以提前为该项采购计划的投标进行准备。一般而言，事先信息公告的发布可以通过欧盟公告办公室进行，也可以由采购当局在其购买者档案中发布。若选择后者，采购当局还应当向欧盟公告办公室发送一份关于在其购买者档案中发布公告的通知。

一般而言，事先信息公告不得作为邀请竞争的正式形式，但是上述规定则提供了一个例外——即次级中央采购当局在运用限制性程序和带谈判的竞争性程序实施采购时，可以运用事先信息公告作为邀请参与竞争的正式形式。

但是，在这种情形下事先信息公告应当包含满足特定的条件：

（a）其特别提及了，作为即将被授予合同标的物的货物、工程或服务；

（b）其指明将通过限制性程序或不带进一步发布竞争邀请的、

带谈判的竞争性程序来授予合同，并且邀请了感兴趣的经济运营者来表达其兴趣；

（c）除了 Annex V part B section I 规定的信息之外，其还包含了 Annex V part B section II 所规定的信息；

（d）其在第 54 条第 1 款提及的邀请书发送日之前的 35 天至 12 个月内已经被发送出来进行公告。

并且此种情形下，该事先信息公告的发布只能通过欧盟公告办公室发布，而不能在采购当局自己的购买者档案中进行公布。特定信息之外的根据相关规定需要在国内层面发布的额外信息，则可以在购买者档案中进行公布。

此种情形下，事先信息公告所涵盖的期限也受到了规制。对于一般公共合同的授予而言，应当从为了发布将公告发送之日算起最长 12 个月。但是，涉及社会或其他特殊服务有关的公共合同授予而言，第 75 条第 1 款第（b）项所提及的事先信息公告可以涵盖长于 12 个月的期限。

（二）关于"公告发布的形式和方式"方面的新增规定

第 51 条第 4 款规定：

欧盟公告办公室应当确保第 48 条第 2 款所提及的事先信息公告以及第 34 条第 4 款第（a）项所提及的关于设立动态采购系统的邀请竞争公告的全文和摘要能够被持续发布：

（a）在发布事先信息公告的情形下，应当持续发布 12 个月或者直至接收到一份合同授予公告，该合同授予公告根据第 50 条规定表示在邀请竞争公告所涵盖的 12 个月期间内不会再有合同被授予。但是对于社会和其他特殊服务有关的公共合同而言，第 75 条第 1 款第（b）项所提及的事先信息公告应当继续被发布直至原定的有效期间结束或者直至接收到一份合同授予公告，该合同授予公告根据第 50 条规定表示在邀请竞争公告所涵盖的期间内不会再有合同被授予。

（b）在关于设立动态采购系统的邀请竞争公告的情形下，应当在动态采购系统有效期间内持续发布。

该款规定与2014欧盟公共采购指令有关新增的在一定条件可以运用事先信息公告作为邀请竞争公告的方式有关，也与关于设立动态采购系统的邀请竞争公告。因为在这两种情形下，邀请竞争的状况一直在持续，并未终止。因而，欧盟公告办公室作为公告的发布者应当负有持续发布的义务，从而使得邀请竞争的信息在有效期间内一直被潜在的供应商所知晓。

六、关于"参与人的选择及合同授予"规则方面的修订

（一）关于"一般性原则"方面的新增规定

第56条第1款第（b）项第2段规定："采购当局可以决定不将某个合同授予给提交了最具经济优势的投标人，如果该投标人并未履行第18条第2款提及的相应义务。"

第56条第2款规定："在公开性程序中，采购当局可以决定在对不存在排除性理由和满足根据第57条至第64条规定的选择性标准进行核实之前对投标人进行检查。如果它们运用这种可能性，它们应当确保对不存在排除性理由和满足选择性标准的核实以一种不偏倚和透明的方式实施，以至不会将合同授予给依据第57条规定应当被排除在外的投标人，或者不符合采购当局设定的授予标准的投标人。

对于某些类型的采购或特定情形，成员国可以排除运用第1项中提及的程序，或者限制该程序只能在这些情形下适用。"

第56条第3款规定："如果经济运营者提交的信息或文件是或显然是不充分或错误的或者若丢失了特定的文件，除非实施本指令的国内法律另有规定，采购当局可以要求相关经济运营实体在合理的期限内递交、补充、澄清或完善相关信息或文件，只要这些要求的做出完全符合平等对待原则和透明度原则。"

第56条第4款规定："根据第87条的规定委员会应当被授权对附件X进行修订，如果必要的话，增加已经被所有成员国批准的新国际协定，或者如果已经提及的现存国际协定不再被所有成员国所批

准，或者有其他变更，例如，在范围、内容或名称（denomination）方面的变更。"

2004公共采购指令体系在"参与者的选择以及合同授予"方面所制定的一般性规则较少，其仅提及了合同的授予应当基于符合采购指令要求的合同授予标准，投标书应当符合采购公告、确认兴趣邀请书以及采购文件中所制定的需求、条件和标准，投标书应当来自不具备法定排除情形的投标人，投标人应当符合采购当局所制定的选择性标准。[①]

但是2014公共采购指令体系在具体的选择参与人规则与合同授予规则的基础上，制定了更多的一般性规则，主要体现在以下几个方面：

第一，明确了在投标人被认定没有遵守相关环境、社会或者劳动法律以及集体劳动合同所提及的义务的情形下，采购当局可以决定不将合同授予给递交了最佳投标书的投标人。这意味着，即使投标人所提交的投标书被评估为最佳投标书，但是因为投标人没有遵守相关可持续发展的法律义务，采购人有权利拒绝向其授予采购合同。

第二，在实施公开性程序的过程中，采购当局可以决定在对投标人的资格进行审查之前对投标书进行评估。但是采购指令也对该项裁量权进行了约束。如果采购当局运用这种可能性，其应当确保之后进行的关于投标人是否具备法定排除理由的认定以及关于投标人是否具备选择性标准的认定，会以一种无偏颇的、透明的方式进行。这样就能确保不会有合同被采购当局授予给具备法定强制性排除情形的投标人或者被授予给并不满足选择性标准的投标人。

但是，与此同时，成员国可以在其国内法律中排除该种程序的适用，或者将该程序限制性的适用于特定类型的采购或者特定情形下的采购。这表明，在某些成员国，采购当局可能仍然不能在实施资格审查之前先针对投标书进行评估。

---

① 该规定主要体现在指令2004/18/EC第44条第1款及指令2014/24/EU第56条第1款第2项。

第三，如果经济运营者提供的信息或文件不完整或者错误的，或者表面上是不完整或错误的；或者丢失了具体的文件；除非实施2014欧盟采购指令体系的国内法律另有规定，采购实体可以要求经济运营者在适当期限内提交、补充、澄清或者完善相关信息和文件，只要这些要求完全遵守了平等对待原则和透明度原则。

第四，赋予了欧盟委员会根据第87条的规定针对附件 X 进行修订的相关权利，从而新增经所有成员国批准的新的国际协议或者经修订的国际协议。

（二）关于"排除理由"方面的新增规定

第57条第5款规定：

如果采购当局证明某经济运营者属于本条第1款所述情形和本条第2款所述情形之一，采购当局应当在采购程序的任何时间将该经济运营者排除在外，无论经济运营者的相关行为是在采购程序开始之前还是在程序进行期间被作为或者不被作为。

如果采购当局证明经济运营者属于本条第4款所述情形之一，采购当局可以或者可以应成员国的要求，在采购程序的任何时间将该经济运营者排除在外，无论该行为是在程序开始之前还是在程序进行期间被作为或者不被作为。

第57条第6款规定：

处于第1款和第4款情形之一的经济运营者，可以提供证据来证明其采取的措施有利于保证其可靠性，尽管存在相关的排除理由。如果这些证据被认为是充分的，该经济运营者可以不被排除在程序之外。

为此目的，该经济运营者应当证明，其已经支付了任何由这些犯罪或者不当行为引起的损害赔偿有关的赔偿金或者承担起了支付赔偿金的责任，通过积极与调查机构合作以一种综合性的方式澄清了相关事实和情况，采取了足够阻止进一步犯罪或不当行为的具体技术、组织和人事措施。

在对这些措施进行评估的过程中需要考虑到犯罪或不当行为的严

重性和具体的环境。如果这些措施被认为不够充分，那么该经济运营者应当收到一份关于做出该决定的理由的陈述。

在判决具有有效性的成员国，在因该判决而被排除的期间内，一个因最终判决被排除出参与采购程序之外的经济运营者不应当有资格运用本段提供的可能性。

这两项新的规定主要涉及两个方面：第一，针对经济运营者被证明具备法定排除理由的情形，2014欧盟公共采购指令体系明确了采购人可以根据这些排除理由将经济运营者排除出采购程序之外的期间。第二，2014欧盟公共采购指令体系明确了在某些情形之下，经济运营者可以提供证据证明其因为采取了某些补救措施而请求豁免被排除出采购程序。

一是采购当局可以运用排除理由的阶段。如果采购当局证明经济运营者属于"因违反了其他法律所禁止的行为而被终审判决有罪的情形"之一①或被有约束力的司法决定或行政决定确定"违反了纳税或者交纳社会保障费用有关义务的情形"之一②，采购当局应当在采购程序的任何时间将该经济运营者排除在外，无论该行为是在程序开始之前还是在程序进行期间被作为或者不被作为。

如果证明经济运营者属于被适当方式证明"违反了纳税或者交纳社会保障费用有关义务的情形"或"可以排除的法定理由"的情形之一③，采购当局可以在采购程序的任何时间，将经济运营者排除在外，或者可以应成员国的要求将该经济运营排除在外，无论该行为是在程序开始之前还是在程序进行期间被作为或者不被作为。

二是因采取补救措施而豁免适用排除理由。如果经济运营者处于"因违反了其他法律所禁止的行为而被终审判决有罪的情形"或者"可以排除的法定理由"情形之一④，尽管存在相关的排除理由，2014欧盟公共采购指令体系为经济运营者提供了采取补救措施而豁

① 指令2014/24/EU第57条第1款所涵盖的情形。
② 指令2014/24/EU第57条第2款所涵盖的情形。
③ 指令2014/24/EU第57条第4款所涵盖的情形。
④ 指令2014/24/EU第57条第1款和第4款所涵盖的情形。

免适用这些排除理由的可能性。

经济运营者可以采取适当的措施来弥补因其任何犯罪行为或过错行为而产生的后果，或者有效阻止错误行为的继续蔓延。并进而可以提供证据来证明，其采取的措施有利于确保其仍然具备可靠性。如果这些证据被认为是充分的，该经济运营者可以不被排除在程序之外。

具体而言，这些经济运营者应当证明，其已经支付了任何由这些犯罪或者不当行为引起的损害赔偿有关的赔偿金或者承担起了支付赔偿金的责任，或者通过积极与调查机构合作以一种综合性的方式澄清了相关事实和情况，或者采取了足够阻止进一步犯罪或不当行为的具体技术、组织和人事措施。

在对这些措施进行评估的过程中需要考虑到犯罪或不当行为的严重性和具体的环境。如果这些措施被认为不够充分，那么该经济运营者应当收到一份关于做出该决定的理由的陈述。

但是，2014欧盟公共采购指令体系也对运用这类可能性进行了限制。在判决具有效力的成员国，在因该判决而被排除的期间内，一个被最终判决排除出参与采购程序之外的经济运营者不应当有资格运用这类可能性。

2014欧盟公共采购指令体系并未针对运用这类可能性的具体程序性条件和实质性条件进行详细规制，而是留给成员国通过法律、条例或者行政性规章明确相关实施条件。例如，成员国有权决定是否由采购当局或采购实体来开展相关评估，或者授权其他中央当局或地方当局进行评估。

（三）新增关于《欧洲统一采购文件》（european single procurement document，ESPD）方面的规定

《2014公共部门采购指令》第59条规定：

1. 在提交参与申请书或者提交投标书阶段，采购当局应当接受《欧洲统一采购文件》，该文件由一份最新的自我申明组成，作为初始证明替代由公共当局或者第三方提供的、以确认相关经济运营者满足下列条件的证书：

（a）其并不具备第 57 条所列出的任何一项致使经济运营者应当或者可能被排除出采购程序的情形；

（b）其符合依据第 58 条所制定的相关选择性标准；

（c）（若适用）其应当满足依据第 65 条所制定的客观规则和标准；

若经济运营者依据第 63 条的规定而依赖于其他实体的能力，那么《欧洲统一采购文件》应当同样包含该相关实体有关上述第一段中所提及的信息。

《欧洲统一采购文件》应当由经济运营者的一项正式的声明组成，其应当包含相关排除理由并不适用及/或者符合相关选择性标准，并应采购当局的要求而提供相关信息。《欧洲统一采购文件》应当进一步明确负责制定支持性文件的公共当局或者第三方，并且包含一份关于有效性的一项声明，即经济运营者能够应要求并且无延迟地提供这些支持性文件。

如果采购当局能够直接通过第 5 款提及的数据库直接获取支持性文件，《欧洲统一采购文件》应当包含为此目的而要求的信息，例如，数据库的互联网地址，任何识别数据以及（若需要时）必要的同意声明。

经济运营者可以重复使用其已经在之前的采购程序中使用过的《欧洲统一采购文件》，只要其确认文件中所包含的任何信息是正确的。

2. 《欧洲统一采购文件》应当基于标准格式进行起草。欧盟委员会将会通过实施法案制定该标准格式。这些实施法案应当根据第 89 条第 3 款所提及的评估程序而被颁布。

《欧洲统一采购文件》应当排他性地以电子形式被提供。

3. 尽管有第 92 条的规定，欧盟委员会应当针对《欧洲统一采购文件》在实践中的适用情况进行审查评估，并且于 2017 年 4 月 18 日之前据其向欧洲议会和理事会进行报告。

在需要时，欧盟委员会应当为最优化地跨境获取这些数据库以及最优化地在内部市场使用证书和证明的解决方案制定建议书。

4. 采购当局可以要求投标人以及候选人在采购程序的任何时刻提交所有或者部分支持性文件，如果这对于确保采购程序的适当实施是必要的。

在授予合同之前，采购当局应当要求其将向之授予合同的投标人根据第60条、（必要时）第62条的规定提交最新的支持性文件；但是在基于框架协议而授予合同的情形下，如果这些合同是依据第33条第3款或者第33条第4款第（a）项的规定而缔结的除外。采购当局可以邀请经济运营者补交支持性文件或者澄清其依据第60条和第62条的规定而接收到的证书。

5. 尽管存在第4段的规定，经济运营者不应当被要求提交支持性文件或者其他文件性证据，如果并且只要采购当局有可能通过直接登录任何成员国所提供的可以免费获取数据的一个全国性数据库就可以获取证书或相关信息，例如，一个全国性的采购注册网站，一个虚拟公司档案，一个电子文件储存系统或者一个资格预审系统。

尽管存在第4段的规定，经济运营者不应当被要求提交支持性文件，如果已经授予了合同的采购当局或者已经缔结了框架协议的采购当局已经拥有了这些文件。

为了这款第1小段的目的，成员国应当确保包含相关经济运营者相关信息的数据库并且可以接受本国采购当局咨询的数据库，也可以在同等条件下接受来自其他成员国采购当局的咨询。

6. 成员国应当在 e-Certis 中提供一份完整的包含经济运营者相关信息的、可以接受来自其他成员国的采购当局咨询的数据库清单，并且保持更新。据申请，成员国应当与其他成员国之间就本条所提及的数据库的任何相关信息进行沟通。

在以前的采购过程中，经济运营者需要在提交投标书阶段提供各种证书及证明文件以证明其满足相关资格条件或者其他客观规则或标准，从而有损采购效率；并且各个成员国在采购实施过程中的关于具体的形式要求也不一致，因而提高了经济运营者进行跨境投标的成本；因跨境的原因采购当局针对这些文件的认定也存在效率和效果方面的问题，为此，2014 欧盟公共采购指令要求在全部成员国内部推行《欧洲统一采购文件》。

该条规定主要涉及了以下几个方面的问题：

第一，什么是《欧洲统一采购文件》。《欧洲统一采购文件》应当由经济运营者的一项正式的声明组成，其应当包含相关排除理由并不适用及/或者符合相关选择性标准，并应采购当局的要求而提供相关信息。《欧洲统一采购文件》应当进一步明确负责制定支持性文件的公共当局或者第三方，并且包含一份关于有效性的声明，即经济运营者能够应要求并且无延迟地提供这些支持性文件。如果采购当局能够直接通过相关数据库直接获取支持性文件，《欧洲统一采购文件》应当包含为此目的而要求的信息，例如数据库的互联网地址，任何识别数据以及（若需要时）必要的同意声明。

第二，《欧洲统一采购文件》的作用。《欧洲统一采购文件》作为初始证明替代由公共当局或者第三方提供的、以确认相关经济运营实体满足相关条件的证书。

第三，针对《欧洲统一采购文件》的格式进行了规制。欧盟委员会被授权制定《欧洲统一采购文件》的标准格式。为了推进电子化采购的进程，在2018年4月18日之后在全欧盟成员国境内《欧洲统一采购文件》只采取电子化的格式。一旦该程序以电子化方式运行，经济运营者可以在欧盟委员会的网站上以电子化方式填写、导出、储存和提交《欧洲统一采购文件》。只要《欧洲统一采购文件》中所提供的信息仍然准确，经济运营者可以重复使用该文件。

第四，《欧洲统一采购文件》的效力。即若投标人在提交参与申请书阶段或者在提交投标书阶段提交一份《欧洲统一采购文件》，那么采购人应当接受，不得拒绝。

第五，当运用《欧洲统一采购文件》时，何时采购人可以要求或者应当要求提供支持性文件。一般而言，在正式授予采购合同之前，经济运营者不需要提供具体的支持性文件，采购人根据《欧洲统一采购文件》中提供的自我声明来评估经济运营者的资格条件。但是，在必要时，为了保证采购程序的适当实施，采购人可以要求投标人和候选人在任何时候提交所有的或者部分支持性文件。但当采购人已经确定中标候选人，在正式授予采购合同之前，采购人应当要求中标候选人提供最新的支持性文件。采购人可以邀请经济运营者针对支持性文件进行补充或者澄清其接收到的相关证书。

第六，针对某些情形下采购人要求投标人提交支持性文件的权利进行限制。如果并且只要采购当局有可能通过直接登录任何成员国所提供的可以免费获取数据的一个全国性数据库就可以获取证书或相关信息，例如一个全国性的采购注册网站，一个虚拟公司档案，一个电子文件储存系统或者一个资格预审系统，那么经济运营者不应当被要求提交支持性文件或者其他文件性证据。如果已经授予了合同的采购当局或者已经缔结了框架协议的采购当局已经拥有了这些文件，那么经济运营者不应当被要求提交支持性文件。

第七，向成员国施加了保证相关权利、提供相关数据库信息的辅助性义务。现阶段，欧盟已经针对《欧洲统一采购文件》提供了一系列互联网服务支持①，以帮助推进该项制度的实施。

（四）关于"证明方式"方面的新增规定

《2014 公共部门采购指令》第 60 条第 5 款规定："应申请，成员国应当确保其他成员国可以获取与第 57 条列明的排他性理由有关的任何信息，以及与第 58 条提及的具备适当的从事专业活动能力、财务能力和技术能力方面的任何信息，以及本条所提及的与证明方式相关的任何信息。"

该款旨在向成员国施加提供相关信息的辅助和协助义务，因为这些相关信息大多由成员国相关部门所掌握。

（五）关于新增"在线证书库"（e-Certis）方面的规定

《2014 公共部门采购指令》第 61 条规定：

1. 为了促进跨境投标，成员国应当确保在由欧盟创设的 e-Certis

---

① 具体参见：https://ec. europa. eu/growth/single-market/public-procurement/e-procurement/espd_en。

中被介绍的、与证书及其他形式的文件类证据有关的信息，时常保持更新。

2. 采购当局应当求助于 e-Certis 并且应当主要要求由 e-Certis 所涵盖的这些证书的类型或者文件性证据的形式。

3. 欧盟委员会应当使得所有语言版本的包含 e-Certis 的《欧洲统一采购文件》可以获得。

e-Certis 是一个信息系统，其帮助采购人和供应商确定欧盟进行所实施的采购程序中所要求的不同证书。e-Certis 可以帮助采购人和供应商明白什么样的证据会被提供或者什么样的证据会被要求。e-Certis 已经被融入了欧盟提供的关于《欧洲统一采购文件》的服务之中，并且包含所有的欧盟官方语言的版本。①

该条旨在于向成员国施加提供与及时更新相关信息的协助义务；要求采购人运用 e-Certis 所提供的信息来制定关于证书的类型或形式要求；要求欧盟委员会提供所有欧盟官方语言版本的 e-Certis。

（六）关于"质量保证标准和环境管理标准"方面的新增规定

《2014 公共部门采购指令》第 62 条第 3 款规定："应申请，成员国应当使得其他成员国可以根据第 86 条的规定获取任何与证明符合第 1 款和第 2 款提及的质量保证标准和环境管理标准有关文件的信息。"

该款旨在向成员国施加提供相关文件的义务，从而有助于采购程序的顺利实施。

（七）关于"依赖于其他实体能力"② 方面的新增规定

《2014 公共部门采购指令》第 63 条第 2 款规定：

在工程合同、服务合同和包含了选址或安装操作内容的货物合同

---

① https://ec.europa.eu/growth/tools-databases/ecertis/.
② 指令 2014/24/EU 第 63 条及指令 2014/25/EU 第 79 条。

的情形下，采购当局可以要求某些重要任务直接由投标人自行进行履行，或者如果投标书是由第 19 条第 2 款提及的经济运营者联盟递交的，则要求由该联盟的参与者之一进行履行。

欧盟公共采购指令体系允许参与采购的经济运营者依赖其他实体的能力，但为了保障采购项目的有效实施，欧盟公共采购规则对此进行了适当的规制。

在 2014 公共采购指令体系中，新增的规定主要是明确了采购当局拥有要求投标人直接履行某些重要任务的权利。该项权利并不适用于所有的采购合同而是主要适用于"工程合同、服务合同和带选址和安装操作的货物合同"；该项权利只适用于"某些重要任务"，但是指令并未明确如何界定"重要任务"。根据投标人情况的不同区分了两种情形，若投标书由单个投标人进行提交，则采购当局可以要求投标人自身履行该重要任务；若投标人由经济运营者集团组成，则可以要求经济运营集团的参与者之一来履行该重要任务。

七、关于"合同授予"规则的修订

（一）明确要求合同的授予规则应当与合同标的物相关[①]

《2014 公共部门采购指令》第 67 条第 3 款规定：

授予标准应当被认为与公共合同的标的物相关，如果授予标准与将要在该合同下提供的工程、货物或服务的任何方面或生命周期的任何阶段相关，包括下列因素：

（a）这些工程、货物或服务的生产、提供或贸易的具体流程；或者

（b）其生命周期任何其他阶段的一个具体流程，即使这些因素并不构成合同标的物的重要实质组成部分。

由于非价格类授予标准的主观性较高，采购人的裁量权较大，为

---

① 指令 2014/24/EU 第 67 条及指令 2014/25/EU 第 82 条。

了减少采购人武断的决定，欧盟公共采购规则要求授予标准应当与公共采购合同的标的物有关。并且其还明确了"认定与公共采购合同标的物相关的标准"：如果授予标准与将要在该合同下提供的工程、货物或服务的任何方面或生命周期的任何其他阶段的因素相关，那么应当被认定为与公共合同的标的物相关。即使这些因素并不构成工程、货物或服务的重要实质的组成部分。具体而言包括下列因素：（a）这些工程、货物或服务的生产、提供或贸易的具体流程；或者（b）其生命周期任何其他阶段的一个具体流程。可见，此处仍旧针对"与合同标的物相关"采用了广义的解释。

（二）新增了关于"生命周期成本"① 的规定

《2014 公共部门采购指令》第 68 条规定：

1. 生命周期成本法应当在某种程度上涵盖产品、服务或工程生命周期内的部分或所有的下列成本：

（a）采购当局或其他使用者产生的成本，例如，

（i）与采购有关的成本；

（ii）与使用有关的成本，例如能源和其他资源的消耗；

（iii）维护成本；

（iv）生命末期的成本，例如收集和回收的成本。

（b）生命周期内与产品、服务或工程相关的环境外部性所产生的成本，如果其资金价值可以被确定和核实；例如成本可以包含排放温室气体的成本和排放其他污染物的成本，以及其他减轻气候变化的成本。

2. 如果采购当局运用生命周期成本法来评估成本，其应当在采购文件中明确投标人应当提供的资料和采购当局将用来以这些资料为基础确定生命周期成本的方法。

用来评估归因于环境外部性成本的方法应当满足以下所有条件：

（a）其基于客观性的可以核实的以及非歧视性的标准，尤其是，

---

① 指令 2014/24/EU 第 68 条及指令 2014/25/EU 第 83 条。

如果其并非为了重复性的或持续性的运用而制定，其不应当不适当的偏爱某些经济运营者或者使某些经济运营者处于劣势；

（b）其应当可以被所有感兴趣的参与者所获取；

（c）所需的数据能够由普通勤勉的经济运营者经过合理努力之后提供，包括来自 GPA 的第三国成员或者欧盟参与的其他国际协定的第三国成员的经济运营者。

3. 一旦某个欧盟立法法案要求强制适用一个通用的计算生命周期成本的方法，该通用的方法应当被适用于生命周期成本的评估。

关于这些立法法案的清单，以及如果必要时补充这些立法法案的授权法案，在附件 XIII 中进行了列明。当由于颁布了关于制定通用强制性方法的新法案或者对现存法案进行了废除或修改时而有必要对清单进行更新时，应当授权委员会根据第 87 条来颁布更新该清单的授权法案。

以往的采购实践中在针对成本要素制定授予标准时，大多考虑到的是货物、工程或服务的购置成本。但由于采购的各个环节之间是相互联系和影响的，有些采购对象的购置成本低但是可能后续的运行和维护成本较高。为了从采购全周期环节的角度来看待资金效率，欧盟在 2014 年公共采购指令体系中首次提出可以从全生命周期成本的角度来进行成本收益分析，并且针对生命周期成本及其确定进行了规制。

生命周期成本法应当在某种程度上涵盖产品、服务或工程生命周期内的部分或所有下列成本：（a）采购实体或其他使用者产生的成本，例如，（i）与采购有关的成本；（ii）与使用有关的成本，例如能源和其他资源的消耗；（iii）维护成本；（iv）生命末期的成本，例如收集和回收的成本。（b）生命周期内与产品、服务或工程相关的环境外部性所产生的成本，如果其资金价值可以被确定和核实；例如成本可以包含排放温室气体的成本和排放其他污染物的成本，以及其他减轻气候变化的成本。

为了使得生命周期成本分析方法更为客观和公正，欧盟公共采购规则首先对采购人运用生命周期成本法提出了透明度要求。如果采购人运用生命周期成本法来评估成本,那么其应当在采购文件中明确投标人应当提供的资料和采购人将用来以这些资料为基础确定生命周期成本的方法。

其次,欧盟公共采购规则保留了未来由欧盟委员会制定和更新强制适用于计算生命周期成本的通用方法。[①] 因为强制适用的统一的计算方法一方面有利于针对采购人行为进行规范;另一方面有利于减少因生命周期成本计算方法的多样化而产生的不合理歧视和偏好。

最后,考虑到评估环境外部性成本方面的主观性较强,欧盟公共采购规则要求用来评估归因于环境外部性成本的方法应当满足以下所有条件:(a)其基于客观性的可以核实的以及非歧视性的标准,尤其是,如果其并非为了重复性的或持续性的运用而制定,其不应当不适当的偏爱某些经济运营者或者使某些经济运营者处于劣势;(b)其应当可以被所有有感兴趣的参与者所获取;(c)所需的资料能够由普通勤勉的经济运营者(包括来自 GPA 的第三国成员或者欧盟参与的其他国际协定的第三国成员)通过合理努力而提供。

可见,生命周期成本分析方法有助于采购人从项目全生命周期的角度来考虑资金价值,甚至是因项目的负外部性而产生的成本。但是由于其较为复杂且存在可供采购人实施裁量权的空间,因而欧盟公共采购规则试图通过在透明度、平等和非歧视以及符合比例原则等方面提出规则要求,以保障采购人尽量以客观、可量化的标准为基础来实施其裁量权。

(三)关于"异常低价投标书"方面的新增规定

《2014 公共部门采购指令》第 69 条第 2 款第(e)项规定:"第

---

① 例如,指令 2014/25/EU 第 68 条第三款所规定的:无论任何时候一项欧盟立法法案要求强制适用一个通用的计算生命周期成本的方法,该通用的方法应当被适用于生命周期成本的评估。关于这些立法法案的清单,以及如果必要时补充这些立法法案的授权法案,在附件 XV 中进行了列明。当由于颁布了关于制定通用强制性方法的新法案或者对现存法案进行了废除或修改而有必要对清单进行更新时,应当授权委员会根据第 103 条来颁布更新该清单的授权法案。

71 条提及的需要遵守的义务。"

《2014 公共部门采购指令》第 69 条第 3 款第 2 段规定:"采购当局应当否定一项投标书,如果其已经认定投标书的异常低价或低成本是由于其并未遵守第 18 条第 2 款提及的相关义务所致。"

《2014 公共部门采购指令》第 69 条第 5 款规定:"根据申请,成员国应当通过行政合作(administrative cooperation)的形式向其他成员国提供任何由其主导的信息,例如与第 2 款中列明的详细信息有关的证据或文件所涉及的法律、条例、普遍可以获得的集体劳动协议或者国家的劳动技术标准。"

这几项新增规定主要涉及以下几个方面的内容:(1)经济运营者可以基于其履行了欧盟公共采购指令中有关"分包"的规定而解释其投标书中的价格或者成本显得异常低的原因。(2)欧盟公共采购指令明确提出,若能够确定投标书所包含的异常低价的原因归咎于经济运营者并没有履行其应当遵守的社会、环境及劳动方面的法律义务,则采购当局应当拒绝该项投标书。(3)向成员国施加了其他成员国提供相关信息的义务。根据其他成员国的申请,成员国应当通过行政合作的形式提供任何由其主导的、与经济运营者所提供证明其提交的价格或者成本具备合理性的证据及相关文件。

八、关于"合同履行"方面的新增规定

(一)关于"分包"① 方面的新增规定

《2014 公共部门采购指令》第 71 条第 1 款规定:

针对第 18 条第 2 款提及的分包商所负有的义务的观察义务是通过国家职能当局在其责任和职权范围内采取的适当措施(appropriate action)来保障的。

《2014 公共部门采购指令》第 71 条第 3 款规定:

---

① 指令 2014/24/EU 第 71 条及指令 2014/25/EU 第 88 条。

成员国可以规定, 应分包商的申请以及如果合同的本质允许如此, 采购当局应当直接将相应款项 (payment) 转账给向获得公共合同的经济运营者 (主承包商) 提供服务、货物或工程的分包商。这些措施可以包含适当的机制来允许主承包商反对不当支付 (undue payment)。与这些支付模式有关的安排应当在采购文件中进行规定。

《2014 公共部门采购指令》第 71 条第 5 款规定:

在工程合同的情形下以及需要在采购当局直接监管的设施上提供服务时, 在合同授予之后且在合同履行刚刚开始时, 采购当局应当要求主承包商及时向其指明涉及该工程或服务的分包商的姓名、合同信息和法定代表人。该采购当局应当要求主承包商在合同履行过程中向其告知相关变更信息以及后来参与这些工程或服务的新分包商的相关信息。

尽管存着第一项的规定, 成员国可以直接向主承包商施加提供所需信息的义务。

如果为了本条第 6 款第 (b) 项的目的而有必要, 所需信息应当被附加在分包商的自我声明中, 正如第 59 条所规定的一样。根据本条第 8 款而制定的实施措施可以规定, 在授予合同之后而出现的分包商应当提供认证和其他支撑性文件, 而非自我声明。

第一项的规定不应当适用于货物的供应商。

采购当局可以延长或者可以应成员国的要求而将第一项规定的义务扩张至下列范围:

供应合同, 除需要在采购当局直接监管的设施上提供服务以外的服务合同, 或者涉及工程或服务合同的供应商。

主供应商的分包商的分包商, 或者分包供应链中进一步的分包商。

《2014 公共部门采购指令》第 71 条第 6 款规定:

为了避免违反第 18 条第 2 款规定的义务, 可以采取适当的措施, 例如,

如果成员国的国内法律规定分包商和主承包商之间承担连带责任的机制, 该成员国应当确保相关规则的适用符合第 18 条第 2 款所设

置的条件。

采购当局可以核实或者应成员国的要求进行核实，根据第59、第60和第61条的规定，是否存在第57条规定的将分包商排除在外的理由。在这些情形下，采购当局应当要求经济运营者替换一个分包商，如果经核实之后表明该分包商存在着强制性被排除的理由。采购当局可以要求，或者可以应成员国的要求替换一个分包商，如果经核实之后表明该分包商存在着非强制性被排除的理由。

《2014公共部门采购指令》第71条第7款规定：

成员国可以在国内法律中规定更为严格的责任规则，或者在国内法律中做出关于向分包商进行直接支付的进一步规定，例如通过规定向分包商进行直接支付，而不需要分包商提出该直接支付的请求。

《2014公共部门采购指令》第71条第8款规定：

已经选择规定第3、第5、第6款措施的成员国，应当在遵守欧盟法律的前提下通过法律、条例或行政规章来明确实施这些措施的条件。在此过程中，成员国可以限制其可适用性，例如将其限制于某些类型的合同，某些类型的采购当局或经济运营者或某些规模以上的合同。

分包是在采购实践中经济运营者履行公共采购合同的一种途径。复杂工程采购项目尤其如此，一般而言中标人会将工程的履行和服务的提供分包给多个分包商。从采购人的角度来考虑，分包可以促进更多经济运营者参与公共采购合同的履行，尤其是中小企业等特殊市场主体；但是分包也可能会带来合同履行的风险。因此，2014欧盟公共采购制度在原有的简单的关于分包的规则基础上新增了一系列规则。下文以《2014公用事业采购指令》的相关规定为例进行分析。

1. 关于分包的一般性规定

（1）分包商对环境、社会和劳动法律等方面义务的履行。国家职能当局在其责任和职权范围内应当采取适当措施来保障分包商履行环境、社会和劳动法律等方面的义务[1]，例如，（a）如果成员国的国

---

① 指第36条第（2）款中提及的义务。

内法律规定分包商和主承包商之间承担连带责任的机制，该成员国应当确保相关规则的适用应当符合环境、社会和劳动法律等方面的义务。（b）采购当局可以核实或者应成员国的要求进行核实，是否存在将分包商排除在外的理由[①]。在这些情形下，如果经核实之后表明该分包商存在着强制性被排除的理由，采购当局应当要求经济运营者替换一个分包商；如果经核实之后表明该分包商存在着非强制性被排除的理由，采购当局可以要求，或者可以应成员国的要求替换一个分包商。

（2）可以要求投标人表明分包意向。在采购文件中，采购实体可以要求或者可以经成员国的要求而要求，投标人在其投标书中明确其可能打算向第三方分包的任何份额，或者任何建议的分包商。

（3）采购实体向分包商直接付款。成员国可以规定，应分包商的申请以及如果合同的本质允许如此，采购实体应当直接将相应款项转账给向被授予公共合同的经济运营者（主承包商）提供服务、货物或工程的分包商。这些措施可以包括适当的机制来允许主承包商反对不当支付。与这些支付模式有关的安排应当在采购文件中进行规定。此外，成员国可以在国内法律中规定更为严格的责任规则，或者在国内法律中做出关于向分包商进行直接支付的进一步规定，例如通过规定向分包商进行直接支付，而不需要分包商提出该直接支付的请求。

（4）主承包商的责任。上述规定应当不会影响主承包商的责任承担问题。

可见，从一般情形来看，欧盟公共采购规则允许进行分包。只不过分包商也应当遵守公共采购规则关于排除性资格条件的相关规定，不得存在法定强制排除的情形。并且采购人享有要求投标人事先表明其分包意向的裁量权。为了解决向分包商付款的问题，成员国享有裁量权可以在法律中直接要求采购人向分包商进行直接支付，从而解决拖欠分包商合同款的问题。但是，这些规定并不影响主承包商承担契

---

① 根据指令 2014/24/EU 第 57 条的规定进行排除。

约的责任。

2. 在工程合同和特别服务合同情形下分包商信息的提供

在工程合同的情形下以及需要在采购实体直接监管的设施上提供服务①，在合同授予之后且在合同履行刚刚开始时，采购实体应当要求主承包商及时向其指明涉及该工程或服务的分包商的姓名、合同信息和法定代表人。该采购实体应当要求主承包商在合同履行过程中向其告知相关变更信息以及后来参与这些工程或服务的新分包商的相关信息。该提供分包商信息的义务不应当适用于货物的供应商。当然，成员国也可以直接向主承包商施加提供所需信息的义务，即可以要求主承包商主动提供关于分包商的信息，而非应采购实体的要求而提供。

为了核实分包商是否存在着应当或者可以被排除在外的情形，必须要时所需信息应当被附加在分包商的自我申明中。在成员国制定的实施措施中可以规定，在授予合同之后而出现的分包商应当提供认证和其他支撑性文件，而非自我申明。

采购实体可以延长或者可以应成员国的要求而将上述"工程合同和特别服务合同情形下提供分包商信息的义务"扩张至下列范围：（a）供应合同，除需要在采购实体直接监管的设施上提供服务以外的服务合同，或者涉及工程或服务合同的供应商。（b）主供应商的分包商的分包商，或者分包供应链中进一步的分包商。

可见，在要求主承包商提供分包商相关信息方面，欧盟公共采购规则并未直接向主承包商施加提供信息的义务。但为了保证合同的履行，尤其是出于在采购实体监管设施上提供服务时的安全性等方面的考量，欧盟公共采购规则在分包供应链的透明度方面提出了要求。但其只规定了在特定采购类型、特定时间内采购实体应当要求主承包商提供相关信息的义务。相比较而言，欧盟公共采购规则将大量的裁量权，例如要求提供信息的合同的范围和主体的范围以及证明方式等，赋予了成员国和采购人。

---

① 例如，市政大厅、公立学校、含运动设施的场所、港口、高速公路。

（二）　新增关于"合同履行期间合同的修订"[1] 方面的规定

《2014 公共部门采购指令》第 72 条规定：

1. 在下列任何情形中，可以不需要根据本指令发起一个新的采购程序从而对合同和框架协议进行修订：

（a）无论其资金价值如何，如果已经在最初采购文件的清楚、明确和明晰的救济条款中规定了该修订，其可以包含价格修订条款或选择性方案。这些条款应当阐明可能进行修订之处或提供选择性方案的范围和性质以及其可以被运用的条件。它们不应当规定将改变整个合同或框架协议性质的修订或选择性方案。

（b）如果由于下列原因使得由原来的承包商来提供额外的工程、服务或货物变得确有必要，并且在首次采购中并未对此做出规定：（i）如果出于以经济性的或技术性的原因不能更换承包商，例如与经过首次采购而购买的现有设备、服务或装置之间的互换性、兼容性要求；以及（ii）如果更换承包商将给采购当局带来非常大的不便利或者大量成本的重复。

但是，任何价格的增加将不得超过原合同金额的 50%。如果做出了若干连续性的修订，该限制应当适用于每次修订的金额。这些连续性修订不应当以规避本指令为目的。

（a）如果满足下列所有条件：（i）引起需要进行修订的情形是一个勤勉的采购当局所不能预见的；（ii）该修订不会改变合同的整体属性；（iii）任何价格的增加不会超过原合同或框架协议金额的 50%。如果做出了若干连续性的修订，该限制应当适用于每次修订的金额。这些连续性修订不应当以规避本指令为目的；

（b）如果出于下列任何因素而引起的结果，一个新的承包商替换了采购当局最初授予合同的承包商：（i）符合（a）款规定条件的一项明晰的救济条款或选择性方案；（ii）另一个满足最初设定的选

---

[1]　指令 2014/24/EU 第 72 条及指令 2014/25/EU 第 89 条。

择性标准的经济运营者，在公司重构之后全部或部分地继受了最初承包商的地位，包括并购、合并、购买或破产，只要这并不需要对合同进行其他实质性修订，并且不是以规避指令的适用为目的；或者（iii）在采购当局自身承担了主承包商向其分包商负有的义务的情形下，若根据第 71 条的规定国内法律规定了这种可能性。

（c）如果这些修订，无论其价值如何，不属于第 4 款所规定的重大修订。

在本款第（b）项和（c）项规定的情形下，已经对一项合同进行了修订的采购当局应当针对该结果在《欧盟公报》上发布一项公告。该公告应当包含 Annex V part G 中所的信息，并且应当根据第 51 条的相关规定进行发布。

2. 此外，不需要对是否符合第 4 款规定的（a）项至（d）项规定的条件进行核实，如果修订金额低于同时下列两类金额，同样可以不必要根据本指令发起一项新采购程序而对合同进行修订：（i）第 4 条设置的门槛价；以及（ii）首次服务合同和供应合同金额的 10%，以及低于首次工程合同金额的 15%。

但是，该修订不可以改变合同或特许经营的整体属性。如果进行了若干次连续修订，应当以连续修订的净总金额为基础对金额进行评估。

3. 为了对第 2 款和第 1 款第（b）和（c）项提及的价格进行评估，当合同包含一个指数化条款时，更新的价格应当是该条款所指出的参考的价值。

4. 合同履行期间，如果其使得合同或框架协议在属性方面实质性区别于首次缔结的合同或框架协议，对合同或框架协议的修订应当被认定为第 1 款（e）项所指的重大修订。在任何情形下，若不影响第 1 款和第 2 款规定，如果满足下列一项或多项条件应当被视为重大的修订：

（a）该项修订引入了新的条件，如果这些条件是首次采购程序的一部分，那么将会允许除这些最初被选择的候选人之外的其他的候选人参与该程序，或者将会接受其他的投标书而非原来的投标书，或

者将会吸引更多参与者参与采购程序;

(b) 该项修订改变了合同或框架协议的经济平衡,以一种首次合同或特许经营中并未规定的方式偏爱某个承包商;

(c) 该项修订相当大的程度上扩大了合同或框架协议的范围;

(d) 如果因第 1 款第 (d) 项以外的原因,新的承包商替代了采购当局首次授予合同的承包商。

5. 在合同履行期间,除第 1 款和第 2 款规定情形之外的其他对公共合同或框架协议条款的修订,应当要求其依据本指令发起一项新的采购程序。

一方面,合同的履行过程确实有进行合同变更的必要性;另一方面,合同履行期间的变更可能会产生导致扭曲竞争的结果,例如针对合同中的重要条款进行变更从而导致发生重大变更,这对于参与原采购程序的其他投标人而言显得不公平。为此,欧盟为合同履行过程中合同的修订提供了以下规制框架:

(1) 无论合同的资金价值如何,欧盟公共采购制度尊重采购人享有通过合同中的救济条款和选择性方案来针对合同变更进行规定的裁量权。其可以包含价格变更条款或选择性方案①。这样便赋予了采购人通过再谈判针对契约进行变更的灵活性。但是这项裁量权并非不受限制。例如欧盟公共采购规则要求救济条款或者选择方案应当足以清楚、明确且清晰的阐明可能进行变更之处或提供选择性方案的范围和性质及其可以被运用的条件。并且救济条款或者选择方案针对合同变更的规定不得涉及将改变整个合同或框架协议性质的内容。

(2) 欧盟公共采购制度考虑到了采购实践的多样化需要以及采购程序效率的需要,在满足相关条件的情形下可以不需要启动一项新的采购程序。欧盟公共采购规则在澄清是否需要重新发起一项新采购

---

① 指令 2014/24/EU 序言 111 指出,这些救济条款或选择性方案可以规定:(1) 价值指数条款;或者 (2) 要求确保在通信协议或者技术不断变革的情形下在一定期间内供应商所提交的通信设备仍旧是适当的;或者 (3) 在运营和维护期间出现了技术困难确有必要对原合同进行调整。并且为了确保公共服务的连续性,合同中可以针对普通情形下的维护和非普通情形下针对维护的干预进行约定。

程序时主要针对以下几个因素进行了考量：

第一，有必要授予额外工程、货物或服务的情形。欧盟公共采购规则认为针对技术的兼容性和经济成本的有效性进行考量，可能会给不通过一项新采购程序而授予额外合同提供了正当性。

第二，当出现了采购人授予合同时不可预见的外部情形。特别是长期合同在授予之时，即使是勤勉的采购人①也很难预测到未来可能发生的某些外部事件。考虑到这种采购现实，欧盟认为应当提供一些灵活性的规则使得因出现不可预见情形而针对合同进行调整时拥有必要的灵活性。因而，欧盟公共采购制度允许在这种情形下可以不通过一项新的采购程序而进行合同变更。但该变更不得改变原合同的整体属性，例如，通过采购某些不同的货物、服务或工程或者完全从本质上改变了采购的性质。②

第三，新的经济运营者替代了原中标人的情形。考虑到平等对待原则和透明度原则的要求，一般而言不能够未经重新开放竞争而用新的经济运营者替代原中标人。但是履行合同的中标人（尤其是当合同被授予给多个经济运营者时）有时候可能会在合同履行期间经历某些结构性变更，例如纯粹的内部重组、并购、重组或破产等。因此欧盟认为当出现结构性变更情形时，如果在公司重构之后继受了最初承包商地位的新实体能够满足采购人最初设定的选择性标准，则并不必然导致需要重新启动一个授予程序。只有在这种结构性变更会导致对合同进行实质性重大变更或者基于规避欧盟公共采购规则的目的时，才需要重启新的合同授予程序。此外，欧盟公共采购规则还尊重采购人通过救济条款或选择性方案针对此情形下的合同变更进行规定。当成员国的国内法律允许在特定情形下采购人替代中标人履行其向分包商的相关义务时，也不要重新启动采购程序。

第四，是否构成重大变更。考虑到实施采购程序成本的有效性，

---

① "勤勉的采购人也不可预见"主要是指即使采购人在考虑到其可以运用的方式、特定项目的性质和特征、相关领域的良好实践之后仍旧没有预见到的事件。当然，在具体界定的过程中也需要考虑到项目采购准备阶段消耗的资源与估计的合同金额之间的相称性。

② 指令 2014/24/EU 序言 109。

欧盟公共采购指令一般只要求构成了重大变更的情形启动新的采购程序。为了进一步明确构成"重大变更"的具体内涵，提供法律确定性，欧盟公共采购规则对此进行了阐释。合同履行期间，如果对合同或框架协议的变更使得其在属性方面实质性区别于首次缔结的合同或框架协议，应当被认定为重大变更。在任何情形下，如果满足下列一项或多项条件应当被视为重大的变更：（a）该项变更引入了新的条件，如果这些条件是首次采购程序的一部分，那么将会允许除这些最初被选择的候选人之外的其他的候选人参与该程序，或者将会接受其他的投标书而非原来的投标书，或者将会吸引更多参与者参与采购程序；（b）该项变更改变了合同或框架协议的经济平衡，以一种首次合同或特许经营中并未规定的方式偏爱某个承包商；（c）该项变更相当大的程度上扩大了合同或框架协议的范围；（d）如果因上述第（3）项以外的原因，新的承包商替代了采购实体首次授予合同的承包商。

第五，合同修订金额的大小。同样是出于程序效率的考量，欧盟公共采购规则并不要求一定门槛金额以下的变更启动新的采购程序。但为了提供法律的确定性，针对该门槛价的界定进行了细化。具体而言，如果变更金额同时低于下列两类金额①，不需要对是否满足重大变更的条件进行核实，同样可以不必要根据《2014 公用事业采购指令》发起一项新采购程序而对合同进行变更：（i）低于《2014 公用事业采购指令》设置的门槛价②；以及（ii）首次服务合同和供应合同金额的 10%，以及低于首次工程合同金额的 15%。但是，该变更不可以改变合同或特许经营的整体属性。如果进行了若干次连续变更，应当以连续变更的净总金额为基础对金额进行评估。

（3）为了保证采购目的不落空，竞争不被扭曲，欧盟公共采购规则要求当构成重大变更时需要启动一项新的采购程序。

---

① 为了对提及的价格进行评估，更新的价格应当是当合同包含一个指数化条款时所援引的价值。

② 具体指第 4 条设置的门槛价。

（4）在满足相关条件的情形下，采购人虽然不需要发起新的采购程序，但是《2014 公用事业采购指令》给其施加了公告的义务。其要求已经对一项合同进行了变更的采购实体应当针对该结果在《欧盟公报》上发布一项公告，并且还对公告内容和发布规则提出了要求①。

（三）新增关于"合同终止"②的规定

《2014 公共部门采购指令》第 73 条规定：

成员国应当确保采购当局在合同履行期间拥有终止一项公共合同的可能性，至少在下列情形中并且满足相应的国内法律所确定的条件时，如果：（a）该合同被进行了一项重大修订，并且根据第 72 条的规定其将要求进行一项新的采购程序；（b）该承包商在授予合同时已经处于第 57 条第（1）款所提及的情形之一，并且应当因此被排除出采购程序；（c）由于该承包商严重违反了条约和本指令的义务，并且其行为已经被欧盟法院遵循 TFEU 第 258 条规定的程序进行了宣告，因此该合同不应当授予给该承包商。

相较于普通商事合同而言，公共采购合同中的采购人拥有单方中止合同的权利。但是欧盟公共采购法律制度并未笼统地将终止合同的理由归纳为"公共利益的考量"而是将裁量权留给了成员国。只不过成员国在将欧盟公共采购指令转化为国内法律的过程中，应当确保采购实体至少在下列情形中并且满足相应的国内法律所确定的条件时，在合同履行期间拥有终止一项公共合同的可能性：（a）如果该合同被进行了一项重大变更，并且根据相关规定③其将要求进行一项新的采购程序；（b）如果该承包商在授予合同时已经被最终判决认定触犯了某一刑法④，并且应当因此被排除出采购程序；（c）如果由

---

① 该公告应当包含《2014 公用事业采购指令》Annex V part G 中所提及的信息，并且应当根据第 51 条的相关规定进行发布。

② 指令 2014/24/EU 第 73 条及指令 2014/25/EU 第 90 条。

③ 《2014 公用事业采购指令》中具体指的是指令 2014/25/EU 第 89 条的规定。

④ 主要是指指令 2014/24/EU 第 57 条第（1）款所提及的情形。

于某承包商严重违反了欧盟条约、《2014 公共部门采购指令》和《2014 公用事业采购指令》的义务，并且其行为已经被欧盟法院遵循 TFEU 第 258 条规定的程序进行了宣告，因此该合同不应当授予给该承包商。可见，欧盟公共采购制度层面只针对采购因负有欧盟公共采购法下的义务而需要提前终止公共采购合同的情形进行了约束。但是，成员国可以依据其裁量权向采购人施加因履行国内法律义务而终止合同的情形。

九、新增"社会和其他特殊服务"①一章

《2014 公共部门采购指令》和《2014 公用事业采购指令》针对以下两类特殊的采购制度进行了规制：社会服务和其他特殊服务的采购制度，以及规制设计竞赛的规则。其中关于设计竞赛的规则与 2004 公共采购指令体系的规制并无新增的规则，但是针对"社会服务和其他特殊服务"则制定了更为明确的和详细的规制规则。下文将以《2014 公用事业采购指令》中的条文为例介绍该项特殊的采购制度。

1. 适用范围

《2014 公用事业采购指令》在附件 XVII 中列出了一个社会服务和其他特殊服务的清单。该特殊采购制度适用于采购实体针对这些社会服务和其他特殊服务授予门槛价以上的公共采购合同的情形。《2014 公用事业采购指令》为此设立的门槛价是 EUR 1 000 000，要高于普通服务采购的门槛价②。

2. 公告的发布

（1）采购公告的方式。受《2014 公用事业采购指令》规制的社会服务和其他特殊服务采购，应当通过以下任何一种方式表达其采购意图：（a）通过合同公告的方式；或者（b）通过连续发布的周期性

---

① 指令 2014/24/EU 第 74 至第 77 条；指令 2014/25/EU 第 91 至第 94 条。
② 货物和服务采购的门槛价为 EUR 414000；工程采购的门槛价为 EUR 5186000。

采购公告。在周期性采购公告中应当尤其明确即将作为合同标的物的服务类型，并且应当指明这些合同的授予过程将不会进一步发布公告和邀请感兴趣的经济运营者来表达其兴趣；或者（c）通过连续发布的关于"现存资格审查制度"的公告。

如果该服务合同的授予符合适用不带公开邀请竞争的谈判程序，那么则可以不用发布上述公告。

（2）合同授予公告的方式。采购实体如果已经授予此类服务合同，采购应当通过发布合同授予公告的方式使公众知晓其采购结果。其可以通过每个季度发布一次合同授予公告的方式来履行该义务。在这种情形下，采购实体应当每个季度结束之前30天内进行发布。

（3）公告的内容。上述合同公告、周期性指示公告、现行资格审查制度的公告和合同授予公告应当分别包含附件XVIII第A、第B、第C、第D部分内容。欧盟委员会应当通过实施法案的方式制定标准的公告模板，这些公告应当符合相应的模板。

（4）公告发布的方式。应当遵守《2014公用事业采购指令》所规制的一般采购制度中的要求。

3. 授予合同的原则

成员国应当在国内法中制定与社会服务和其他特殊服务采购有关的规则，从而确保采购实体遵守透明度原则和平等对待经济运营者原则。成员国有决定可以适用的程序性规则的自由，只要这些规则允许采购实体考虑到这些服务采购的特殊性。

成员国应当确保采购实体可以考虑到确保服务质量、连续性、可获得性、可负担性以及普遍服务的需求，以及不同类型用户（包括残疾人和弱势群体）的具体需求，用户的参与以及创新。成员国可以规定服务提供者的选择应当考虑到社会服务质量和可持续标准，以最具性价比的投标书为基础。

4. 为某些服务预留合同①

成员国可以规定,"采购当局类"采购实体可以向某些机构预留参与公共合同授予程序的权利。但是该预留应当仅仅限于被《2014公用事业采购指令》明确列出的那些健康、社会和文化服务。并且被预留参与权的组织应当满足以下所有条件:(1)该组织的目标在于提供相关社会服务或特殊性服务②。(2)为了实现该组织目标,其利润被用来再投资。如果存在利润被分配或者再分配的情形,其应当是以参与度作为分配或再分配的基础。(3)履行合同的组织的管理结构或所有权,应当以员工所有权或者参与原则(participatory principles)为基础,或者要求员工、用户或利益相关者的积极参与。(4)过去三年内,该采购当局并未根据本采购规则向该组织授予过这类服务合同。

合同期限最长不应超过3年。在进行邀请竞争时应当引用《2014公用事业采购指令》的相关条款。

十、对特许经营进行专门规制

2014欧盟特许经营指令的规制重点主要有:

(一)针对特许经营定义和核心特征的规制

欧盟《2014特许经营指令》将特许经营界定为③:(1)以金钱利益(pecuniary interest)为目的而缔结的合同;(2)一个或者多个采购当局或者采购实体④通过该合同将工程的实施或服务的提供及管理委托给一个或者多个经济运营者;(3)该类合同的标的物是通过

---

① 2019年4月18日之前,欧盟委员会应当针对该项制度的实施效果进行评估,并向欧盟议会进行报告。

② 与从事该特殊采购制度所涵盖的社会服务或特殊性服务有关的公共服务的提供。

③ 指令2014/23/EU序言(11)。

④ 在欧盟公共采购指令体系中,采购当局或采购实体有其特指的含义。从本书研究目的的角度出发,两者之间的区别并不影响本文的研究,因此除非特别标明本文将以"采购人"作为两者的统称。

一种特许经营方式而采购的工程或服务；（4）该类合同的对价是对工程或者服务的开发权，或者是该类开发权与报酬的结合。这一定义与《1989 公共工程合同指令》中首次针对工程特许经营的定义以及《2004 公共部门采购指令》中首次针对服务特许经营的定义并无实质性区别，强调特许经营是"开发权利"或"开发权利与报酬的结合"。

鉴于欧盟公共采购制度针对"特许经营"与"公共采购合同"两者适用了不同程度的规制规则，"特许经营"相对于"公共采购合同"而言只受到了"极轻"规则的规制。① 自 1989 年首次开始针对工程特许经营进行规制开始，欧盟公共采购指令就已经开始试图澄清两者之间的关系。但是以前公共采购指令体系中给予的定义并不足以澄清两者之间的关系，由此引发了许多争议。② 为了维护法律适用的确定性，《2014 特许经营指令》在其序言中明确了特许经营的核心特征是：应当涉及向特许经营权人转移工程或者服务开发过程中的运营风险。

具体而言，应当从以下几个方面来理解"向特许经营权人转移运营风险"这一特征：

第一，运营风险应当来自缔约方控制范围之外的因素。③ 因经济运营主体管理不善、缔约过失或因不可抗力等有关的风险，都是每个合同所固有的风险，都与对运营风险的界定无关。运营风险应当为受变幻莫测的市场影响的风险，其可由需求风险或供给风险组成，亦可为两者的结合。需求风险是对作为合同标的物的工程或服务的真实的需求所带来的风险。供给风险则为对作为合同标的物的工程或者服务进行供给有关的风险，尤其是当所提供的服务与需求不匹配时所产生

---

① Richard Craven（2014）. The EU's 2014 Concessions Directive, P. P. L. R, 2014, 4, 188 – 200.

② 可参考：Case C – 324/98, Telaustria and Telefonadress, [2000] ECR I – 10745；Case C – 231/03, Consorzio Aziende Metano（Coname）. V. Comune di Cingia de' Botti [2005] ECR I – 7287；Case C – 458/03, Parking Brixen [2005] ECR I – 8612；Case C – 206/08, WAZV Gotha v. Eurawaaser Aufbereitungs [2009] ECR I – 8377。

③ 指令 2014/23/EU 序言（20）。

的风险。为对运营风险进行评估，指令要求一种一致和统一的方式对所有投资的净现值、特许经营权人的成本和收入进行考量。

第二，运营风险转移或者部分转移给私人部门，意味着公共部门不能保证不存在运营风险或完全消除运营风险。[①] 如果采购人通过保证最低收入、收支平衡、收回不低于投资的回报以及合同履行过程中所产生的成本，来消除运营风险，那么这些契约型安排都不属于特许经营的范畴。

第三，但若通过事先的契约性安排对运营风险进行补偿或者限制是允许的。例如通过以下几种方式来限制运营风险：（a）对收费进行规制；（b）契约性安排提供部分补偿，只要补偿是基于对服务或资产的真实需求或真实供应情况[②]而给予的；（c）运用契约性安排对归咎于采购人的原因或因不可抗力的缘由而导致提前终止的特许经营进行补偿。[③]

可见，特许经营型 PPP 与"公共采购合同"在欧盟公共采购指令下最大的区别之处在于存在着运营风险的转移，特许经营权人承担着在普通运营条件下不能收回投资和成本的风险。

此外，特许经营权人所获得的报酬是否来自采购人，并非欧盟界定特许经营的核心要素。这一点与以前欧盟法院某些判例法以及欧盟委员会的解释存在出入。[④] 过去强调，特许经营合同中特许经营权人提供公共服务所获得的、与风险分配相对应的部分或者全部对价或报酬应当由公众消费者进行支付，而非采购人。但是，《2014 特许经营指令》淡化了用户付费这一特征，特许经营型 PPP 下也存在着用户付费与采购人付费相结合的情形。

从欧盟指令针对特许经营概念和特征的描述，可以将其主要特征总结为：（1）特许经营型 PPP 所涉及的服务提供主要应当由第三方

---

① 指令 2014/23/EU 序言（18）。
② 指令 2014/23/EU 序言（18）。
③ 指令 2014/23/EU 序言（19）。
④ Richard Craven（2014）. The EU's 2014 Concessions Directive, P. P. L. R, 2014, 4, 188－200.

进行付费（通常是公众或者公共服务的使用者），但是也可以由采购人付费与第三方付费相结合。（2）特许经营所涉及的服务必须是与公共利益相关的事务。① （3）经济运营者必须承担与所涉服务履行有关的经济运营风险。（4）该类合同的标的物是通过一种特许经营方式而采购的工程或服务。（5）特许经营型 PPP 所涉合同的对价为工程或服务的开发权或者开发权与报酬的结合。

为了明确受《2014 特许经营指令》规制范畴的"特许经营"，《2014 特许经营指令》还进一步澄清了某些与特许经营相似，但是不属于该指令规制范畴的安排或行为，例如，纯粹的融资行为、服务凭单制、行政授权或行政许可、土地或资源的开发权授予等。

（1）纯粹的融资行为。② 纯粹的融资行为并不属于《2014 特许经营指令》的规制范畴，尤其是通过拨款（grants）等形式的融资行为。如果通过这些融资行为获取的资金并未用于指定用途，经常负有偿还的义务。

（2）如果通过某些安排所有符合特定条件的经济运营者都有资格履行某个既定的任务，而不需要再进行任何选择，例如消费者选择和服务凭单制度（service voucher systems），那么这些安排都不能认定为受《2014 特许经营指令》规制的特许经营。即使公共当局和经济运营者之间是基于法律协议而形成的这类关系，也不属于特许经营的范畴。一般而言，这些安排通常都是基于公共当局的一个决定，该决定会界定出不断准入经济运营者提供某些特殊服务（例如社会服务）而需要满足的透明度和非歧视性的条件，从而允许消费者在这些经济运营者之间进行选择。③

（3）成员国或者该成员国的公共当局通过某些行为，例如，行

---

① Christopher Bovis（2014）. Public-Private Partnerships in the European Union, Routlege (New York and UK), p. 90.

② 指令 2014/23/EU 序言（12），the mere financing, in particular through grants, of an activity, which is frequently linked to the obligation to reimburse the amounts received where they are not used for the purposes intended, does not fall under the scope of the Directive.

③ 指令 2014/23/EU 序言（13）。

政授权或行政许可（authorisations or licences），设置实施某项经济活动所需要满足的条件，包括开展某个既定运营活动所需要满足的某项条件。这些授权或许可通常基于经济运营者的要求，而非由公共当局或者公共实体所发起，并且经济运营者仍旧有退出提供工程或者服务的自由。这些成员国的行为不能够被视为《2014 特许经营指令》所规制的特许经营，而是由指令 2006/123/EC 中的特殊条款进行规制。与这些成员国行为不同的是，特许经营合同规定了是相互性的有约束力的义务，工程或服务的实施需遵循采购当局或者采购实体所界定的特殊要求，并且这些义务是具备法律上的强制实施性的。①

（4）某些目的在于——在公法或者私法之下授予某个经济运营者开发某些公共土地或者资源的权利的协议，不属于《2014 特许经营指令》规制的"特许经营"范畴。例如，通过这些协议授予土地或者任何公共财产，尤其是在海岸港口、内河港口或者航空港口部门的开发权利。在这些领域政府或者采购当局或者采购实体仅仅只制定一般性的条件，而不会采购具体的工程或者服务。这通常与公共领域或者土地租赁合同有关，这类合同通常包含某些条款涉及承租者对该领域或土地的占有权，对即将兴建的财产的使用权，出租人和承租人对财产维护的权利，承租人的租赁期限以及放弃占有权、承租人应当支付的租金以及其他费用。②

（5）此外，为了向公众提供公共服务而授权利用公共不动产或者运营固定线路或者管网的协议，同样也不属于《2014 特许经营指令》所涵盖的特许经营。因为这些协议并未施加供应的义务（an obligation of supply），也没有涉及采购当局或者采购实体为其自身或者为最终用户采购任何服务。③

（6）若合同并未涉及向供应商支付报酬，而是通过受规制的价格（regulated tariffs）来补偿供应商，且这些受规制的价格涵盖了供

① 指令 2014/23/EU 序言（14）。
② 指令 2014/23/EU 序言（15）。
③ 指令 2014/23/EU 序言（16）。

应商为提供该公共服务而产生的所有成本和投资，那么这种合同并不属于《2014 特许经营指令》所涵盖的特许经营的范畴。[1]

（二） 对特许经营期限的规制

特许经营涉及基础设施或服务的长期提供，因此其合同周期较长。为此《2014 特许经营指令》赋予了采购人订立比普通公共采购合同更长周期的裁量权。但为了避免长期合同而引起的市场封锁和限制竞争，《2014 特许经营指令》要求针对采购人制定特许经营期限的裁量权进行限制，不允许设置无限期的特许经营。

与此同时，《2014 特许经营指令》还强调了以下几个方面：（a）特许经营期限的确定应当以其所需工程或服务为基础进行评估。（b）若特许经营期限长于 5 年，最长期限不得超过特许经营权人在正常经营条件下，收回对工程或服务的运营进行的投资并且针对投入的资本获得回报的合理预期时间。（c）要求特许经营的最长期限在特许经营文件中注明。但是考虑到将特许经营期限作为合同授予因素的情形，允许其不在特许经营文件中注明。（d）考虑到了针对特许经营权人进行补偿的可能性。若特许经营授予人针对特许经营权人进行相关补偿，可以将特许经营期限设置为短于收回投资的必要期限。但是应当注意，相关补偿不能够消除特许经营权人所应当承担的运营风险。

（三） 针对程序性保障要求的规制

《2014 特许经营指令》没有针对特许经营授予程序的具体规制框架进行规制，而是将制定和修订具体程序规则的权利赋予了采购人。[2] 但为保障采购人不滥用裁量权，有效、有序实施授予程序，《2014 特许经营指令》在以下几个方面提出了基本要求：

---

[1] 指令 2014/23/EU 序言（17）。
[2] 采购当局或采购实体应当有遵守《2014 特许经营指令》组织选择特许经营权人程序的自由。

第一，评估投标书的前提条件。采购人应当以《2014 特许经营指令》规制的授予标准①为基础授予特许经营合同。但是在采购人针对投标书进行评估之前投标书和投标人应当满足以下所有条件：（a）如果投标书满足了采购人设置的"最低要求"。这里所提及的"最低要求"应当包含任何投标书应当满足和拥有的条件和特征，尤其是技术特性、物理特性、功能特性和法律特性；（b）投标人满足了《2014 特许经营指令》所设置的选择性标准②；且（c）投标人并不存在应当强制性被排除在授予特许经营合同之外的情形③。

第二，透明度的基本要求。采购人应当在特许经营公告中包含针对特许经营的描述和参与特许经营授予程序的条件。且采购人应当在特许经营公告、递交投标邀请书或其他特许经营文件中对应当满足的最低标准进行描述。

第三，对采购人限制候选人或投标人数量的规制。采购人可以将候选人或投标人的数量限制在一个适当的水平。但是这种限制应当是以一种透明的方式做出、以客观标准为基础，并且被邀请的候选人或投标人的数量应当能够充分地确保有效竞争。

第四，对采购人制定和修订具体程序规则的限制。采购人应当向所有的参与者就其拟定的组织特许经营授予的程序和指示性的截止日期进行通报。任何修订都应当向所有参与者进行通报，并且在某种程度上如果这些修订涉及已经在特许经营公告中的披露的某些要素，则还应当向所有的经济运营者进行公布。

第五，采购人可以与候选人和投标人举行谈判。在谈判过程中，不能对特许经营的标的物、授予标准和最低要求进行变更。④

第六，采购人负有适当记录的义务。采购人应当在不违反保密义

---

① 具体指《2014 特许经营指令》第 41 条规定的授予标准。

② 即指《2014 特许经营指令》第 38 条第（1）款所设置的参与条件。

③ 具体指《2014 特许经营指令》第 38 条第（4）项至第（7）项和第（9）项规定的情形。

④ 英国 2015 年 8 月 21 日公布的"关于 the concession contracts regulations 2016 的征求意见稿"第 36 条第 8 款也基本复制了该款的相关规定。这表明，英国将不为特许经营合同的授予制定强制性的或者可选择的授予程序，不就谈判的过程提供规制性框架。

务的前提①，以其认为适当的方式对采购程序的阶段进行适当记录。

上述几个方面的基本要求并不会对实践中特许经营合同的授予实践带来显著的影响，只不过是进一步明确了源自欧盟条约的透明度原则、平等对待原则、非歧视原则和比例原则。

（四）针对经济运营者集团法律形式和资格条件的规定

特许经营项目规模大，极有可能出现以经济运营者集团形式进行投标的情形。为了促进有效竞争，欧盟鼓励以经济运营者集团的形式进行投标。《2014 特许经营指令》规定，一般而言在授予合同阶段采购人不应当要求经济运营者集团为了递交投标文件或者参与申请书而具备特定的法律形式。但出于保证合同履行的考量，采购人一旦将合同授予给了经济运营者，可以要求经济运营者集团采取某种法律形式。

当经济运营者集团作为特许经营权人履行特许经营合同时，指令赋予了采购人在必要时对经济运营者集团施加某些不同于给单独参与者施加的条件。但任何不同条件的施加，应当具备正当性的客观理由并且符合比例原则。

此外，在特许经营项目中可能会出现经济运营者（或潜在的供应商）自身拥有的能力并不足以满足采购人针对经济和财务能力或技术和职业能力方面提出的资格条件的情形。因而经济运营者在进行投标的过程中可能会需要依赖于其他实体的能力。出于促进有效竞争及促进中小企业参与特许经营的考量，《2014 特许经营指令》允许经济运营者或经济运营者集团可以依赖于其他实体的能力来证明其符合采购人所设置的资格条件。②

（五）针对技术性和功能性需求的规制规则

为了保证特许经营具备较强的激励机制，以促进私人部门创新，

---

① 具体指第 28 条第（1）款规定的保密义务。
② 《2014 特许经营指令》序言 63 和第 38 条。

采购人通常运用技术性和功能性需求来界定特许经营型所涉及的工程或服务的特性。因此指令赋予了采购人利用技术性和功能性方式来描述其需求的裁量权。但因需求的界定可能影响到竞争的充分性,《2014特许经营指令》在透明度、具体内容和表示方式方面对其进行了最低限度的规制。[①]

在透明度方面,技术性和功能性需求应当被用来界定采购人所需要的特许经营标的物的工程或服务的特性。技术性和功能性需求应当被规定在特许经营文件中,并且遵守平等对待原则和透明度原则。

在具体内容方面,技术性和功能性需求可以涉及生产的特殊流程或所需工程或服务的提供(provision),只要这些特性与合同的标的物有关,并且与合同价值和合同目的成比例。例如,可能包括质量水平、环境和气候绩效水平(environmental and climate performance levels)、为满足所有人的需求(包括残疾人的可获得性)进行设计(design for all requirements)以及符合性评估、绩效、安全性,或者规格(dimensions)、术语(terminology)、符号(symbols)、检测及检测方法、标记和标签(marking and labelling),或者使用指南(user instructions)。

在表述方式方面,除非因与合同的标的物有关而具备正当性,技术和功能性需求不应当引用某个特定的来源,或者对某个特定的经济运营者提供的产品或服务的所特有的某个特殊的流程,或者商标、专利、型号,或者会产生偏爱或排除某些企业或某些产品效果的特定产品。只有在不可能对特许经营的标的物进行充分精确地、清楚地描述这一种例外情形下,才应当允许使用这些引用。在进行这些引用时应当附上"或具备相当性的(or equivalent)"字样。

如果投标人在其投标书中通过适当的方式证明了其所建议的解决方案以"具备相当性的"方式满足技术和功能性需求,那么采购人不应当以投标书个所建议的工程和服务不满足技术性和功能性需求为理由而拒绝该项投标。

---

① 《2014特许经营指令》第36条。

（六）针对授予标准的规制规则

特许经营型 PPP 项目一般都依据综合因素作为评标标准，从而选出综合最优的特许经营权人。整体而言，《2014 特许经营指令》针对授予标准也只是进行了轻规制。其只在客观性、确保有效竞争、与特许经营标的物相关、按重要性进行降序排序方面等针对授予标准的制定提出了基本要求，从而确保授予标准的制定和实施过程遵守基本的采购原则。并且，为了避免引起争议或减少不确定性，明确提及采购人享有运用环境、社会和与创新有关授予标准的裁量权。此外，考虑到特许经营型 PPP 项目以绩效或功能为基础描述需求的现状，《2014 特许经营指令》认可了因投标人提出了创新性解决方案，采购人需要针对授予标准重要性排序进行修改情形的正当性。

（七）针对信息不对称问题的规制

具备良好透明度的法律制度将是吸引私人部门参与长期伙伴关系的重要因素。针对采购人发布信息的裁量权进行约束，将有利于提高私人部门实体对及时获取采购人有关采购决策及其理由等信息的期望，增加私人部门对 PPP 模式的信心和信任。因此，为了解决采购人与投标人之间的信息不对称问题、投标人之间平等获取信息的问题，《2014 特许经营指令》针对告知候选人、投标人有关信息的义务等方面进行了规制。

《2014 特许经营指令》主要针对采购人的告知义务进行了以下几个层面的规制：（1）应当主动告知的信息。采购当局或采购实体应当尽快告知候选人和投标人关于授予特许经营的决定，包含成功投标人的姓名，拒绝其申请书或者投标书的理由，以及做出不授予其已经发布了特许经营公告的合同的理由，或者做出重启授予程序（the procedure）的理由。（2）应申请而告知的信息。应相关参与方的要求，采购当局或采购实体应当在任何情形下尽可能快地在收到任何书面请求后的 15 日内告知任何提交了可采纳的投标书（admissible tender）的投标人，其最后选择的投标书的特征和相对优势。（3）告知义务的豁免。但是在下列情形下，采购当局或采购实体可以决定不提供相关信息：(i) 若某些与合同有关的信息的提供将可能阻碍法律的实施；(ii) 或者与公共利益相违背；(iii) 损害公有或私有经济运营者合法的商业利益；(iv) 或者可能会损害这些经济运营者之间的公平竞争。

(八) 关于特许经营合同履行的规制

在特许经营合同履行方面，《2014 特许经营指令》要求成员国采取合适的措施确保特许经营合同履行过程中经济运营者遵守欧盟法律、成员国国内法律、集体劳资协议（collective agreements）所确立的环境、社会和劳动法，或者以及相关国际环境法律、国际社会法律和国际劳动法律规定①。此外，《2014 特许经营指令》还在分包、合同的修订以及特许经营的终止等方面制定了基本规则。这些基本规则与《2014 公共部门采购指令》和《2014 公用事业部门采购指令》中的相关要求是基本一致的。

(九) 特许经营合同的救济

《2014 特许经营指令》颁布之前，受欧盟公共部门采购指令规制的"工程特许经营"并未与公共采购合同一样受到《2007 公共采购救济指令》②的规制。但是《2014 特许经营指令》明确《2007 公共采购救济指令》关于救济措施的规制也适用于特许经营合同。这一变化，将有利于提升经济运营者参与特许经营合同授予程序的积极性。例如，受到损害的经济运营者可以通过质疑或投诉等途径保护其利益；符合条件的可以申请授予程序暂停，暂停期限结束之前采购人负有不能缔结合同的义务。

---

① 《2014 特许经营指令》附件 X 中所列出了这些国际法律的清单。欧盟委员会被授权对附件 X 中所列出的国际协议进行更新，例如因成员国批准了新的国际协定而新增，因不再批准某协定而减少，或者国际协定因为范围、内容或名称而发生变更。

② 指令 2007/66/EC。

第三节　2014年欧盟"公共采购指令"
体系的主要变化趋势

一、强调公共采购中可持续发展和社会责任的履行

新的公共采购指令将遵守环境、社会和劳动法律方面的义务作为采购活动的基本原则之一。具体体现在以下四个方面：

一是明确了在投标人被认定没有遵守相关环境、社会或者劳动法律以及集体劳动合同所提及的义务的情形下，采购当局可以决定不将合同授予给递交了最佳投标书的投标人。也就是说，即使投标人所提交的投标书被评估为最佳投标书，但是因为投标人没有遵守相关可持续发展的法律义务，采购人有权利拒绝向其授予采购合同。

二是如果采购当局证明供应商属于"'因违反了其他法律所禁止的行为而被终审判决有罪的情形'之一或被有约束力的司法决定或行政决定确定'违反了纳税或者交纳社会保障费用有关义务的情形'之一"的，采购当局应当在采购程序的任何时间将该供应商排除在外，也就是说，无论出于采购的何种阶段，一旦发现供应商有这些情形的，都可以拒绝其参与采购。

三是如果存在合同分包，分包商也需履行环境、社会和劳动法律等方面义务。

四是如果投标人递交的投标报价属于"异常低价"，若能够确定投标书所包含的异常低价的原因归咎于供应商并没有履行其应当遵守的社会、环境及劳动方面的法律义务，则采购当局应当拒绝该项投标书。

二、将采购规则向前延伸到采购准备阶段

这具体表现在两个方面：一是允许采购实体进行采购前的市场咨

询，即允许采购实体基于准备采购和告知潜在供应商其采购需求和计划的目的，可以进行市场咨询。在市场咨询的过程中，采购实体可以寻求或者接受来自独立专家的建议或当局的建议，或者来自市场参与者的建议。二是允许候选人或投标人在采购准备阶段向采购人提供建议。一般情形下，欧盟公共采购指令体系都允许候选人或投标人在采购程序准备阶段向采购人提供建议之后，参与正式的采购程序。但为了防止由于这些候选人或者投标人掌握更多信息而占据投标优势，要求采购人应当采取适当的措施来确保该候选人或投标人的参与并未扭曲竞争。

三、以动态"事先信息公告"拓展公共采购的透明度

公开透明是公共采购的第一原则，欧盟公共采购指令新增了"事先信息公告"的规定，从而用延长信息公开透明周期来换取更大的竞争空间。

《2014 公共部门采购指令》赋予了成员国授权次中央政府实体或者某些特定的次中央政府实体，在使用限制性程序或带谈判的竞争性程序来授予合同时，运用发布"事先信息公告"的方式来发布竞争邀请。事先信息公告（prior information notices）是采购当局使外界知晓其采购计划意图的方式。这样感兴趣的供应商可以提前为该项采购计划的投标进行准备。一般而言，事先信息公告的发布既可以通过欧盟公告办公室进行，也可以由采购当局在其购买者档案中发布。若选择后者，采购当局还应当向欧盟公告办公室发送一份关于在其购买者档案中发布公告的通知。对于一般公共合同的授予而言，应当从为了发布将公告发送之日算起最长 12 个月。但是，涉及社会或其他特殊服务有关的公共采购，事先信息公告可以涵盖长于 12 个月的期限。在这种情形下，邀请竞争的状况一直在持续，并未终止。因而，欧盟公告办公室作为公告的发布者应当负有持续发布的义务，从而使得邀请竞争的信息在有效期间内一直被潜在的供应商所知晓。

四、增加了采购过程中采购实体的裁量权

在实施公开性程序的过程中，采购当局可以决定在对投标人的资格进行审查之前对投标书进行评估。新的规则还规定，如果供应商提供的信息或文件不完整或者错误的，或者表面上是不完整或错误的；或者丢失了具体的文件；除非实施 2014 欧盟采购指令体系的国内法律另有规定，采购实体可以要求供应商在适当期限内提交、补充、澄清或者完善相关信息和文件，只要这些要求完全遵守了平等对待原则和透明度原则。这两条规定增加了标书通过评审的概率，避免因犯低级错误措施投标机会的供应商，同时也能更好地采购到采购人需要的对象。

同时，新规则还授予采购人根据采购需要调整投标截止时间，如在公开性程序中，一般而言接收投标书的最短期限应当是从发送合同公告之日起 35 天。但是《2014 公共部门采购指令》规定，若因可以证明的合理的紧急情况致使该一般最短期限变得不切实际时，采购当局可以固定一个期限，但同时规定该期限从合同公告发送之日算起不得少于 15 天。在公开性程序或者限制性程序中，因为运用了符合规定的电子方式进行投标时的递交，采购当局可以将接收投标书的最短期限减少 5 天。

新规则还增加了关于采购人"合同履行期间合同的修订"的裁量权。变更采购合同可能对原采购程序中的其他投标人是不公平的，为此，欧盟为合同履行过程中合同的修订提供了以下规制框架：首先，无论合同的资金价值如何，欧盟公共采购制度尊重采购人享有通过合同中的救济条款和选择性方案来针对合同变更进行规定的裁量权；其次，欧盟公共采购制度考虑到了采购实践的多样化需要以及采购程序效率的需要，在满足相关条件的情形下可以不需要启动一项新的采购程序，但《2014 公用事业采购指令》给其施加了公告的义务。

五、重视电子采购和集中采购技术的运用

欧盟鼓励供应商通过电子目录的方式或者包含电子目录的方式提交投标书；要求所有集中采购机构所实施的所有采购程序都运用电子方式进行通信，以推进电子采购方式的发展。

为了提高采购效率，欧盟鼓励不同的采购当局之间可以一起为了某些具体的采购项目而实施联合采购，并界定了不同情形以及不同程度下，采购当局之间承担责任的类型。甚至欧盟鼓励来自不同成员国采购当局之间的联合采购，以更好地整合欧盟不同成员国之间的采购资源，发挥集合采购需求的规模效应。

六、细化公共采购政策的实施

新规则在两个方面细化了公共采购政策功能的实现：一是建立创新性伙伴关系；二是通过分标段促进中小企业的参与。

2014 欧盟公共采购指令增加了"创新性伙伴关系"新采购程序，旨在通过公共采购建立创新性伙伴关系，以促进技术创新。这一新的采购程序详细规定了采购文件中需求的描述、供应商的响应与筛选，接受申请书的期限，伙伴关系的规制以及谈判的运用等，并规定创新性伙伴关系采购中合同授予标准应为最佳性价比。创新性伙伴关系实质上是将研发程序与对研发结果的采购融合为一个采购程序，从而更好地促进了自主创新。

为促进中小企业发展，2014 欧盟公共采购指令明确支持和鼓励划分标段，采购实体可以决定以分离的多个标段的形式授予一项合同，并且可以决定每个标段的规模和标的物，限制每个投标人可以获得的最多标段。只要在合同公告、确认兴趣邀请书、邀请投标书或邀请谈判书中明确每个投标人可以被授予的最大的标段数量。如果授予标准的适用，将会导致一个投标人被授予超过最大数量的标段，采购实体应当在采购文件中明确其打算用来决定将被授予哪些标段的客观

非歧视性标准或规则。

七、重视公共采购标准化建设

一是新增关于"欧洲统一采购文件"方面的规定。在以往的采购过程中，供应商需要在提交投标书阶段提供各种证书及证明文件以证明其满足相关资格条件或者其他客观规则或标准，且各个成员国在采购实施过程中的关于具体的形式要求也不一致，为此 2014 欧盟公共采购指令要求在全部成员国内部推行《欧洲统一采购文件》。在 2018 年 4 月 18 日之后在全欧盟成员国境内《欧洲统一采购文件》只采取电子化的格式。统一采购文件大大降低了采购实体的执行成本和供应商的响应成本，提高了采购效率。

二是新增"在线证书库"（e-Certis）方面的规定。e-Certis 是一个信息系统，其帮助采购人和供应商确定欧盟进行所实施的采购程序中所要求的不同证书。e-Certis 可以帮助采购人和供应商明白什么样的证据会被提供或者什么样的证据会被要求。e-Certis 已经被融入了欧盟提供的关于《欧洲统一采购文件》（ESPD）的服务之中，并且包含所有的欧盟官方语言的版本。e-Certis 系统配合了统一采购文件规定，有助于建立高效的欧盟公共采购统一大市场。

三是在采购程序中加入标准化要求。此次新修订的欧盟公共采购规则，还明确要求"带谈判的竞争性程序"采购文件中关于需求、标的物和合同授予标准的明确化。也就是说，虽然是"带谈判的竞争性程序"，但采购当局应当在采购文件中通过描述需求及标的物的特征来确定需要采购的标的物以及明确合同授予标准，从而为供应商提供足够精确的信息，使得供应商可以确定采购的性质和范围从而决定是否申请参与该程序。甚至，在标准明确后，新的公共采购规则还规定，在"带谈判的竞争性程序"中允许采购当局在特定条件下不进行谈判而授予合同。

八、以"经济最有利标" 作为择优的标准

以往的公共采购实践中在针对成本要素制定授予标准时，大多考虑到的是货物、工程或服务的购置成本。但由于采购的各个环节之间是相互联系和影响的，有些采购对象的购置成本低但是可能后续的运行和维护成本较高。为了从采购全周期环节的角度来看待资金效率，欧盟在 2014 年公共采购指令体系中首次提出可以从全生命周期成本的角度来进行成本收益分析，并且针对生命周期成本及其确定进行了规制，并指出择优的标准为"经济最有利标"（most economically advantageous tender, MEAT）。

九、将"分包"事项前置并保证分包链条信息透明化

关于"分包"，新的公共采购规则明确可以要求投标人表明分包意向，在采购文件中，采购实体可以要求或者可以经成员国的要求而要求，投标人在其投标书中明确其可能打算向第三方分包的任何份额，或者任何建议的分包商；采购实体也可以向分包商直接付款，成员国可以规定，应分包商的申请以及如果合同的本质允许如此，采购实体应当直接将相应款项转账给向被授予公共合同的供应商（主承包商）提供服务、货物或工程的分包商。但上述规定应当不会影响主承包商的责任承担问题。这一规定，使得分包信息在采购文件、投标文件以及签订的合同中展现，更好地维护了采购实体的利益。

在工程合同和特别服务合同情形下分包商信息的提供：在工程合同的情形下以及需要在采购实体直接监管的设施上提供服务（例如，市政大厅、公立学校、含运动设施的场所、港口、高速公路等），在合同履行过程中，采购实体应该要求主承包商及时说明分包商的加入、变更等情况，成员国也可以直接向主承包商施加提供所需信息的义务，即可以要求主承包商主动提供关于分包商的信息，而非应采购实体的要求而提供。

十、将特许经营作为一种特殊的政府采购方式

以前特许经营是融入《1989 公共工程合同指令》或《2004 公共部门采购指令》中的，但此次修订将其单独列出，并适用于单独的规则。这一单独的规则主要强调了如下几点：一是特许经营型 PPP 所涉及的服务提供主要应当由第三方进行付费（通常是公众或者公共服务的使用者），但是也可以由采购人付费与第三方付费相结合。二是特许经营所涉及的服务必须是与公共利益相关的事务。① 三是供应商必须承担与所涉服务履行有关的经济运营风险。四是该类合同的标的物是通过一种特许经营方式而采购的工程或服务。五是特许经营型 PPP 所涉合同的对价为工程或服务的开发权或者开发权与报酬的结合。六是澄清了某些与特许经营相似，但是不属于该指令规制范畴的安排或行为，例如，纯粹的融资行为、服务凭单制、行政授权或行政许可、土地或资源的开发权授予等。

十一、拓宽规则对服务采购的约束同时充分考虑服务的特殊性

此次修订要求 2004 年版本中"非优先类"的 B 类服务也要同"优先类"的 A 类服务一样，适用于公共采购指令具体规则的约束。这实际上扩大了规则对服务类采购的约束，适应了服务采购规模日渐扩大的需要。

但针对服务类采购中的一些特殊服务，包括健康和社会以及相关服务，管理社会、教育、医疗保健和文化服务，强制、社会保障服务等在内的 15 大项服务，《2014 公用事业采购指令》制定了特殊的采购制度。该特殊采购制度适用于采购实体针对这些社会服务和其他特

---

① Christopher Bovis（2014）. Public-Private Partnerships in the European Union，Routlege（New York and UK），p. 90.

殊服务授予门槛价以上的公共采购合同的情形。《2014 公用事业采购指令》为此设立的门槛价是 100 万欧元，要高于普通服务采购的门槛价。

成员国有决定可以适用的程序性规则的自由，只要这些规则允许采购实体考虑到这些服务采购的特殊性。成员国应当确保采购实体可以考虑到确保服务质量、连续性、可获得性、可负担性以及普遍服务的需求，以及不同类型用户（包括残疾人和弱势群体）的具体需求，用户的参与以及创新。成员国可以规定服务提供者的选择应当考虑到社会服务质量和可持续标准，以最具性价比的投标书为基础。

第四章

世界银行"采购规则"

第一节 世界银行"采购规则"发展概述

世界银行的主要活动是为发展项目提供资金，为借款的会员国提供技术援助，因此项目贷款是其主要的活动。由于世界银行的资金来自各会员国以及从国际资本市场的借贷资金，协定条款专门列有这样一条，即要求世界银行保证它贷出的款项只能用于提供贷款所规定的目的，并且要讲求节约和效率。因此，确保贷款目的的实现以及对贷款使用进行监督，是世界银行决定制定"采购规则"的主要原因。

一、2016 年之前世界银行"采购规则"的发展历程

世界银行是世界银行集团（The World Bank Group）的简称，它由国际复兴开发银行（IBRD）、国际开发协会（IDA）和国际金融公司（IFC）组成。通常所说的世界银行就是指国际复兴开发银行，它成立于 1945 年 12 月，是联合国的专门机构。世界银行是为经济发展服务的多边性质的国际开发银行，其主要功能是为发展项目提供资金贷款，并为借款的会员国提供技术援助。其中，项目采购是世界银行

的一种主要的贷款形式。虽然项目的采购及采购合同的实施情况最终责任在于借款人,但是在世界银行方面,根据《国际复兴开发银行协定条款》(*Articles of agreement of the international bank for reconstruction and development*)的规定,世界银行必须保证其贷出的款项只能用于最初提供贷款的目的,在使用时也要充分考虑资金使用的经济性和效率性。这就要求世界银行必然需要有一份正式文件来支持这些贷款资金的监督管理,于是世界银行在1964年制定了《国际复兴开发银行贷款和国际开发协会贷款采购指南》(*Guidelines:Procurement Under IBRD Loans And IDA Credits*,即世界银行的《贷款采购指南》),随后,不断对其进行修改和完善,并于1985年做了最大的一次修改,1996年1月和8月又做了两次补充修改,修订后的《贷款采购指南》分为三个部分,另外还有四个附件。2006年10月又进行了进一步的修改,主要涉及合格性和欺诈与腐败条款。

2011年世界银行"采购规则"进行了比较大的修改,名称改为《国际复兴开发银行贷款和国际开发协会信用、资助的货物、工程和非咨询服务采购指南》(*Guidelines:Procurement Of Goods,Works,And Non-Consulting Services Under IBRD Loans And IDA Credits & Grants By World Bank Borrowers*,以下简称《采购指南》),2014年又对此进行细微的修改。总的来说,修订和完善的主要变化集中体现:一是采购范围的扩大,例如,2011年以来新增了项目筹备垫款(advance of project preparation,简称PPA)、或由世界银行管理由受益人实施的信托基金资助这两类款项,同时,更加明确地将非咨询服务与工程项目分开,这样将原先属于工程服务的采购项目归类到非咨询服务,使表述更为清晰;二是采购程序更加透明、更加细化,包括从采购计划的制定、资格审查、采购合同管理等都有更加细化的规定;三是采购方式更加灵活,明确了两阶段招标的使用范围,新增多种采购方式,包括框架协议(FA:Framework Agreement,指南3.6)、自营(指南3.9)、从联合国采购(指南3.10)、PPP项目(指南3.13、3.14、3.15)等。

二、2016 年世界银行"采购规则"新框架

2016 年世界银行重置了世界银行采购指南框架,将世界银行支持下的公共采购、政府贷款提升到了前所未有的高度,其总目标是建立一个现代化和适用性的采购框架,帮助借款人在实现可持续发展的同时获得"物有所值"。

新框架从整体愿景、核心原则、采购安排到项目执行、技术跟踪、合同管理等公共采购制度的全框架都赋予了更现代化的意义,更好地与国际规则与发展趋势接轨,该新版框架将全面提升采购过程的灵活性、透明度和效率。新框架的诞生经历了两个阶段,在第一阶段的改革(2012~2013 年初)中,世界银行出台了政策框架,并在约100 个国家与近 2000 家利益攸关者开展了磋商,征求他们对世界银行应如何进行采购的意见看法。2013 年 11 月 15 日世界银行执行董事会批准"世界银行投资项目采购新框架建议"后,世界银行于当年 11 月 25 日宣布启动了采购政策与准则的第二阶段改革。2015 年 7 月 21 日,世界银行执行董事会初步批准世界银行贷款项目采购管理新政策。2016 年 6 月 28 日,世界银行正式公布了新版采购规则——《项目新采购框架和规章》(*New Procurement Framework and Regulations for Projects*)并于当年 7 月 1 日起生效。

新版采购规则——《项目新采购框架和规章》(*New Procurement Framework and Regulations for Projects*)包含了四个主要部分,分别是《世界银行政策:投资项目融资下的采购以及其他操作性采购事项》(*Bank Policy: Procurement In IPF And Other Operational Procurement Matters*,以下简称《世界银行采购政策》)、《世界银行对于投资项目融资借款人的采购规章》(*The World Bank Procurement Regulations For IPF Borrowers*,以下简称《世界银行采购规章》)、《世界银行指令:投资项目融资下的采购以及其他操作性采购事项》(*Bank Directive: Procurement In IPF And Other Operational Procurement Matters*,以下简称《世界银行采购指令》)以及《世界银行程序:投资项目融资下的采购以

及其他操作性采购事项》（*Bank Procedure：Procurement In IPF And Other Operational Procurement Matters*，以下简称《世界银行采购程序》）。

同时，在四者形成的总框架下，还颁布了以《采购指南：旨在促发展的项目采购战略》（Procurement Guidance：Project Procurement Strategy for Development，PPSD）为代表的一系列指导说明（Guidance Notes）、标准采购文件（Standard Procurement Documents，SPD）和替代性采购安排（Alternative Procurement Arrangements，APA）作为补充。下面针对四大部分予以整理，并着重分析第二部分——《世界银行对于投资项目融资借款人的采购规章》。

第二节　2016 年世界银行"采购规则"的变化

一、《世界银行采购政策》

《世界银行政策：投资项目融资下的采购以及其他操作性采购事项》（*Bank Policy：Procurement In IPF And Other Operational Procurement Matters*）是一份宏观意义上的世界银行采购政策，它将原先采购指南中的目的原则等内容单独列成一份政策性纲领，规定了通过世界银行投资项目融资支持下采购货物、工程、非咨询服务和咨询服务的愿景、核心原则、管理办法，但不包括通过合格金融中介取得世界银行担保或贷款而最终接受者为私人借款人的采购活动。内容共分为八个部分：Ⅰ. 目的和适用性；Ⅱ. 定义及缩略词；Ⅲ. 范围，包括愿景、序言、核心采购原则、管理方法、作用和职责、可替代采购安排、旨在促发展的项目采购战略和采购计划、政策解释和修正；Ⅳ. 弃权；Ⅴ. 生效日；Ⅵ. 发行人；Ⅶ. 发起人；Ⅷ. 相关文件。

（一）公共采购以实现"物有所值"（value for money，VFM）为结果导向

采购不再是在一系列制度规范基础上的硬性操作，而是为了每笔

贷款的特定目的而进行的资源优化配置，以实现货币效用最大化。原先采购指南制定目的"在于使项目实施人员了解项目所需货物、工程和非咨询服务的采购政策（1.1，2014）"，即是为了规范政府与世界银行间的贷款行为，站在规制者的角度对公共采购市场进行规范，而新制度则是将 VfM 作为愿景，不管是世界银行还是各国政府的角色都进行了改变，真正成为市场的参与者和利益主体，全面考虑项目投资的效益最大化。一方面，世界银行将加强对借款人的风险评估与资金监管；另一方面，世界银行又将帮助各借款国实现公共支出价值，完善国家采购体系，提升国家能力建设。

Section Ⅲ. A. 愿景

投资项目融资业务操作下的采购支持借款人在传递可持续发展理念下以诚信的原则实现物有所值。为了实现这个愿景，世界银行从借款人处寻求保证，提供给借款人的财政资金将应用于可接受的采购安排，同时支持借款国加强并贯彻健全的采购制度及体系。世界银行会在项目层面或作为国家对话间的一部分支持国家能力建设，可使用的一系列措施有——基金、技术支持、扩大的执行支持——这取决于国家、部门、代理处或项目的具体背景。

（二）新增"物有所值"和"诚信"两大核心原则

世界银行采购政策明确规定"物有所值、经济、诚信、适用性（fit for purpose）、效率、透明、公平"七大核心原则。以前采购指南中规定"确保任何一笔贷款资金只能用于提供该贷款的既定目的上，并充分注意资金的经济性与效率性，而不应涉及政治的或其他非经济因素的影响（1.2，2014）"，具体说来包括资金使用的经济性和效率性、适用性、平等竞争、促进借款国发展和采购过程透明。比较之下，新采购政策新增了"物有所值"和"诚信"原则，这恰恰符合上述采购愿景，也表明了世界银行将"物有所值"作为首要采购原则的不可动摇性。可见，世界银行在政策层面不是把公共采购看成简单的商业采购，特别强调采购不能单纯考虑价格因素，而是以生命周期视角考虑所有的可能的成本、效益以及采购所承载的社会责任和公共利益。

Section Ⅲ. C. 核心采购原则

1. 物有所值。物有所值原则意味着有实际作用、有效率和资源使用的经济性，要求相关成本利益的评估、风险测评、非价格因素以及生命周期成本。单独的价格因素不能代表物有所值。

3. 诚信。诚信原则指的是基金、资源、资产和权威的使用要符合既定目的和良好的组织方式，服从于公众利益以及更宽泛的管理原则。

（三）归集了五大治理理念

明确规定"责任制、利益冲突、合格性、投诉和合同相关的沟通、不服从情形"五项治理理念（governance）。之前的采购指南中治理理念并没有明确的归类，而是分散于指南的各部分中，而此次采购政策则进行了完整的归类，具体含义如下：

Section Ⅲ. D. 治理理念

1. 责任制。责任制的概念，适用于世界银行和借款人，结合了透明度和职责要求，在整个采购过程中要为他们的行动（或不行动）负责任。

2. 利益冲突。世界银行要求所有的采购过程参与者不存在利益冲突，除非这种冲突已经被世界银行所认可的方式妥善解决。

3. 合格性。世界银行允许来自所有国家的企业和个人在符合合格性和参与者等其他世界银行规则的前提下为世界银行融资项目提供货物、工程、非咨询服务和咨询服务。

4. 投诉和合同相关的沟通。采购相关的投诉及合同事项相关的沟通在采购过程的合适阶段会引起借款人和世界银行的注意。在公平透明的情况下竭尽全力客观及时地处理此类投诉和沟通。

5. 不服从情形。如果在采购过程中借款人或其他参与方没有遵从适用的采购要求，除了在相关法律协议中设定的契约性补救措施外，世界银行可以采取其他适当的和法律协定条款及状况一致的措施以及世界银行的执行支持和监督任务。

从以上五大治理理念看,这是确保公共采购活动公平、公开、公正进行的基础。

二、《世界银行采购规章》

《世界银行对于投资项目融资借款人的采购规章》(*The World Bank Procurement Regulations For IPF Borrowers*)是在《世界银行采购政策》下的具体细化条例,遵从于政策规定的愿景及原则,用以支持一个现代化采购框架。为了配合核心采购原则,规章为借款人提供了很多市场方法的选择并且细化了很多选择项来指导采购过程以满足操作需要,从而,借款人可以更好地理解采购过程并达到理想的结果。

《世界银行采购规章》分为七大部分,242项条款和15个附件。分别是:Ⅰ.简介;Ⅱ.一般考虑因素;Ⅲ.管理方法;Ⅳ.旨在促发展的项目采购战略和采购计划;Ⅴ.采购规定;Ⅵ.被支持的选择方法:货物、工程和非咨询服务;Ⅶ.被支持的选择方法:咨询服务。15个附件为:附件Ⅰ.物有所值;附件Ⅱ.采购监督;附件Ⅲ.与采购相关的投诉;附件Ⅳ.欺诈与腐败;附件Ⅴ.旨在促发展的项目采购战略;附件Ⅵ.国内偏好;附件Ⅶ.可持续采购;附件Ⅷ.合同类型;附件Ⅸ.国际竞争性采购下的合同条件;附件Ⅹ.评估准则;附件Ⅺ.合同管理;附件Ⅻ.选择方法;附件ⅩⅢ.竞争性对话;附件ⅩⅣ.公私合营;附件ⅩⅤ.框架协议。另外,补充规章的还有一系列标准采购文件、采购指导和一整套电子材料。下面着重对比分析《世界银行采购规章》和2014版《采购指南》的变化之处。

(一) 将咨询服务纳入采购范围

在2011版《采购指南》修订之时,将原先属于工程服务的采购项目分离出来,成为单独的"非咨询服务",纳入世界银行采购范围,并适用于特殊规则。但此次新框架中,相比于2014版《采购指南》,世界银行将采购范围扩大到咨询服务,具体条文如下:

世界银行采用《世界银行对于投资项目融资借款人的采购规章》（采购规章）管理全部或部分由世界银行融资支持的货物、工程、非咨询服务和咨询服务采购（1.2，2016）。

（二）治理方法上的具体变化

对借款人采购操作的治理方法应通过清晰、透明的问责制，以及对各参与主体角色和职责的明确定义来实现，为此《世界银行采购规章》规定了9项采购治理方法，以与《世界银行采购政策》中的采购理念相吻合，与2014版《采购指南》相比，主要新增了以下几项。

（1）明确了借款人、世界银行、企业和个人的角色和职责，同时简化事前审查的流程。借款人负责开展所有相关采购活动并保留所有采购记录，世界银行在风险评估基础上予以事前事后审查，必要时采用独立采购审查和及时延伸执行支持，企业和个人应当做到遵守合同规定，提供高质量产品及服务。具体条文如下：

借款人的角色与职责：

3.2 借款人负责开展由世界银行提供融资且符合本规章的采购活动。这包括规划、战略、寻找和评估申请/报价/投标/提案，以及合同的授予和管理。借款人应当按法律协议保留所有采购文件和由世界银行提供融资的采购记录。

3.3 借款人可以在采购过程的不同阶段聘请独立的廉洁保证提供者，包括：与公司讨论，开标，评标，谈判，合同授予的决定，合同执行。如果世界银行要求借款人任命一位廉洁保证提供者，借款人应当取得世界银行对选择和任命的认同。

世界银行的角色与职责：

3.4 为了确保银行资金只用于融资被授予的既定目的，银行在以风险评估为基础的方法下执行其采购职能，包括实施支持，监测和采购监督。

在此定位下，世界银行规定了事前审查和事后审查、独立采购审查和及时延伸执行支持三项具体职责。

一是世界银行事前审查和事后审查：

3.5 世界银行对具有高价值和/或高风险的采购活动进行事前审查，以确定采购是否按照法律协议的要求进行。

3.6 世界银行还对借款人进行的采购活动进行了事后审查，以确定他们是否符合法律协议的要求。世界银行可以使用第三方，如最高审计机构、可接受的银行等来进行事后审查。任何第三方进行事后审查时均要符合世界银行规定的授权调查范围。

3.7 决定采购项目采取事前或事后审查的根据是项目和合同特定的采购风险。这些风险是由银行在项目准备阶段评估的，在项目实施过程中予以再评估和更新。

3.8 事前或事后审查的要求应在采购计划中具体化。在项目实施过程中世界银行监测和重新评估风险和风险缓解措施。经银行决定，如有必要和适当的话，银行可能要求借款人在采购计划中修改事前或事后审查要求。

二是独立采购审查：

3.9 独立采购审查是当银行根据其评估的风险确定需要这样的审查时，由银行指定的独立第三方进行的采购审计。借款人应与第三方合作并提供所有必要的访问。

三是及时延伸执行支持（Hands-On Expanded Implementation Support）：

3.10 世界银行可能会同意提供借款人及时的延伸采购执行支持，在借款人/受益人、成员国被世界银行视为：

a. 由于一个自然或人为的灾难或冲突，需要紧急援助；或

b. 因为脆弱或特定的漏洞（包括小州）受到经验能力的限制。

3.11 这种支持的范围和性质是在世界银行逐项给予的基础上确定的。这种支持不会导致世界银行代表借款人实施采购，项目执行仍然是借款人的责任。

企业和个人的角色与职责：

3.12 高质量的公司和个人有效的参与和执行是实现整个采购过程有效竞争和物有所值的关键。

3.13 参与世界银行投资项目融资操作采购的企业和个人有责任遵守采购文件的要求以及遵守他们可能会与借款人签订的合同。

（2）新增了咨询服务的利益冲突规定条款，明确规范了不得受雇的一般情形和四类特殊情形（3.17，2016）。世界银行对咨询顾问要求如下：

3.16 世界银行要求咨询顾问：

a. 提供专业、客观和公正的提案；

b. 在任何时候都保持借款人的利益至上，不考虑未来的工作；以及

c. 在提供提案时，避免与其他任务和自己公司利益的冲突。

（3）新增了咨询顾问不公平竞争优势的规定。为了借款人选择供应商过程的公平性和透明度，要求咨询顾问包括分支机构在参与投标竞争时不应有曾提供过类似服务的竞争优势。具体条文如下：

3.18 选择过程中的公平性和透明度要求咨询顾问或他们的分支机构，竞争一项咨询任务时不应有曾提供过相关咨询服务的竞争优势。为此，借款人应使候选名单上的所有咨询顾问都可用，连同提案请求文件，所有的信息将给咨询顾问一个竞争优势。

（4）新增"每投标人一标"（one bid per bidder）的规定。具体条文如下：

货物、工程及非咨询服务：

3.19 一家公司不得提交超过一个投标，无论是单独或作为在另一个投标中的联合体成员，除了允许的替代投标。提交或参与一个以上的投标会造成该公司涉及的所有投标都失去资格。然而，对于某些类型的采购，在世界银行标准采购文件适用于这种类型的采购时，作为另一个投标的分包商参与投标可能会被允许。

咨询服务：

3.20 咨询顾问不得提出一个以上的提案，无论是单独或作为在另一个提案下的联合体成员。如果一个顾问，包括联合体成员，提交或参与一个以上的提案，所有这些提案将被取消资格。然而，如果提案请求文件允许的话，这并不排除公司作为一个分顾问参与，或作为一个团队成员的个人参与一个以上的提案。

（5）新增咨询服务合格性的例外规定。世界银行允许来自各国合格的企业和个人为世界银行融资项目提供货物、工程、非咨询服务和咨询服务。其中对于咨询服务合格性的规定有部分新增，具体变动如下：

3.23　d. 在逐项给予的基础上，银行在借款国咨询合同下可能同意聘请借款人国家的政府官员和公务员，无论是作为个人还是由一家咨询公司推荐的专家团队成员，只有当：

ⅰ. 借款人国家的政府官员和公务员的服务具有独特的性质，或他们的参与项目实施至关重要；

ⅱ. 雇佣不会产生利益冲突；以及

ⅲ. 雇佣不与借款国的法律法规或政策发生冲突。

3.23　e. 一个公司或个人被宣布不合格，要按照世界银行的反腐败指导方针以及现行的 WBG（世界银行集团）制裁框架中规定的制裁政策和程序予以制裁。

（6）新增不服从情形的处理。具体条文如下：

3.24　如果世界银行认为借款人不遵守法律协定制定的采购要求，除行使法律协议中规定的法律救济，银行可采取其他适当的措施，包括宣布为错误采购（例如，由于未能按适用的要求解决投诉）。

3.25　即使在获得世界银行不反对意见后授予了合同，如果认为没有异议或在借款国不完整、不准确或误导信息的基础上发布了满意的决议通知，或者在没有世界银行不反对意见的情况下，合同的条款和条件已被实质性修改，不管项目是否已关闭，银行还可以采取适当的行动和行使法律救济。

（7）新增与采购过程相关的投诉。重点关注投诉解决的时效性和透明性。具体条文如下：

3.26　采购相关的投诉（投诉）应在采购过程的适当阶段及时向借款人提交，提交后，借款人应迅速、公正地处理。为避免不必要的延迟和项目的中断，时效性在投诉的提交和解决时都是至关重要的。

3.27　借款人应当按世界银行和借款人之间的约定，在适当的跟踪和监控系统中记录所有的投诉。

3.28 那些与被要求使用的世界银行标准采购文件的合同有关的投诉，应按照附件三（采购相关的投诉）进行管理和处置。借款人在使用世界银行标准采购文件中的合同时，应当在项目采购计划书中予以详述。

3.29 当使用世界银行的标准采购文件时，应当应用缓冲期，除非根据 5.80 款另有规定。

3.30 除根据附件 III 所涉及的采购有关的投诉外，其他投诉，均由借款人按照世界银行适用的投诉审查规则和程序处理。

3.31 投诉包括对欺诈或腐败的指控可能需要特殊处理。借款人和世界银行应协商以确定可能需要的任何额外行动。

（三）要求对每个采购项目进行 PPSD 战略分析并制订采购计划

《旨在促发展的项目采购战略采购指南》（*Procurement Guidance：Project Procurement Strategy for Development*，PPSD）是一份详细具体的采购指导，内容分为十部分以及三个附录，主要阐释风险—效益分析的具体方法，立足于既定目的达到物有所值。具体条文如下：

4.1 世界银行要求借款人为投资项目融资下的每一个项目进行旨在促发展的项目采购战略（PPSD）分析。PPSD 将解决怎样的采购活动能支持项目的发展目标，在以风险分析为基础的方法下实现最佳的物有所值。在采购计划的选择方式中应提供足够的合理性。在PPSD 细节和分析层面上，应与项目采购的风险、价值和复杂性成正比。最初的采购计划应至少包括项目实施的前 18 个月。

4.2 借款人在项目准备期间同时准备旨在促发展的项目采购战略和采购计划，世界银行对其进行审查并在贷款谈判结束前同意采购计划。由世界银行在贷款谈判中批准的采购计划，在法律协议中被引用，使其对借款人具有法律约束力。借款人应向世界银行提交其审查和批准的采购计划的更新。

另外，对于紧急情况下，世界银行允许借款人先提供一个简化的采购计划，在执行阶段再予以完善，一定程度上体现了采购的灵活性。

4.3　由于自然或人为的灾难或世界银行认可的冲突，在急需救助的情况下，借款人可以准备一个高水平的、简化的旨在促发展的项目采购战略，只要该简化的采购安排与世界银行的核心采购原则一致。

（四）涉及具体采购规定的变化

1. 规范了国内采购程序的适用性要求

首先，对借款国使用本国程序进行规制。2014版本允许借款国使用本国采购程序或者方法，只要这些方式是与世界银行采购指南的规定相一致，但为了防止各国利用本国规则规避世界银行采购规则的情况出现，世界银行在新框架中从三个方面对借款国使用本国程序进行规制：一是必须是国内市场的采购且已列入采购计划；二是对国内竞争性公开采购提出八项要求，包括世界银行有权审查采购文件和活动、符合世界银行反腐败指导方针；三是要与世界银行核心采购原则相一致；四是要特别关注采购质量。

针对借款国使用自己的采购程序，2014版本曾提出使用本国采购系统。

"UCS（use of country system）指的是采用借款国现有公共采购系统中的采购程序和方法，前提条件是世界银行认为这些采购程序和方法符合本指南的规定，并且根据世界银行的UCS试点计划这些程序和方法是能够为世界银行接受的。借款人可以在世界银行根据试点计划批准的试点项目中尝试使用UCS。（3.20，2014）"在新版采购协议中，将其表述改为"当涉及国内市场时，经采购计划的批准，借款国可使用自己的采购程序。（5.3，2016）"

其次，对于国内公开竞争性采购，提出了更为清晰的八项要求：

5.4　a.国家层面上公开广告采购机会；b.采购对任何国家符合资格的公司都是开放的；c.投标请求文件应要求投标人在投标时提交一个被纳入任何引致合同的签字验收，并符合世界银行的反腐败的指导方针，包括但不限于世界银行制裁、检查和审核权；d.合同适当分配责任、风险和义务；e.公布合同授予信息；f.世界银行有权审查采购文件和活动；g.有效的投诉机制；h.维护采购过程的记录。

除此之外，其他国内采购安排（即除了国内公开竞争性采购）需要同世界银行的核心采购原则相一致，确保世界银行反腐败指南（the bank's anti-corruption guidelines）、制裁框架（sanctions framework）和合同救济（contractual remedies）的适用性。

最后，在所有情形中，国内采购程序都需要在质量方面给予特别关注。

2. 新增对于电子采购系统的规定

世界银行鼓励使用电子采购系统，但同时要求借款人要使用世界银行的标准采购计划制订和跟踪工具，从而实现采购的标准化。

5.8　借款人可以在采购过程的一些方面使用电子采购系统（电子采购），包括：发放采购文件和附录，接收申请/报价/投标/提案，以及开展其他采购活动，只要世界银行对系统的充分性感到满意，包括它的可达性、安全性和完整性，保密性，和跟踪审计的特点。

5.9　除非世界银行法律协议另有规定，借款人应使用世界银行的网上采购计划和跟踪工具来准备，消除（clear）和更新采购计划以及开展所有的投资项目融资采购交易。

3. 新增对于租赁财产的规定

这一规定，有助于物有所值目标的实现，也就是当租赁与采购相比更合算是，那么可以采购租赁的方式。具体条文如下：

5.10　当对借款人有经济上或操作上的利益时，租赁是合适的（例如，较低的融资成本，税收优惠，用于临时期间的资产，降低资产报废风险）。如果经世界银行同意并在采购计划中指出的话，借款人可以使用租赁。适当的风险缓解措施也应与世界银行商定。

4. 新增对于采购二手货物的规定

这与上一个条款一样，也是为了更好地实现物有所值要求，具体条文如下：

5.11　如果与世界银行达成协议并在采购计划中指出，借款人可能会购买二手货物，如果这样做将提供一个经济和有效的手段实现该项目的发展目标。下列要求应当满足：

a. 任何必要的风险缓解措施应反映旨在促发展的项目采购战

略中；

b. 二手货物的采购不能与新货物的采购混合起来；

c. 技术要求/规格应描述二手货物的最低特征，包括年龄和条件；

d. 应明确提出适当的保修条款。

5. 新增对于可持续采购的规定

具体条文如下：

5.12 如果与世界银行达成协议，借款人可能在采购过程中包含额外的可持续性要求，包括他们自己的可持续采购政策要求，如果和世界银行核心采购原则相一致。详情见附件七，可持续采购。

6. 新增关于价值工程（Value Engineering）的规定

具体条文如下：

5.13 价值工程是一种以最优成本提供一个项目必要功能的系统方法。价值工程以不牺牲所需的功能、寿命，或可靠性的前提下促进了时间或替代材料的减少，完善了方法，或使用更便宜的替代品。价值工程通常应提高性能、可靠性、质量、安全、耐久性、有效性或其他理想的特性。投标邀请文件可允许价值工程的应用。价值工程在合同执行中的应用机制，应当在合同文件中规定。

7. 新增对于保密信息的规定

具体条文如下：

5.19 无偏见的透明度原则及采购规章中的其他义务，特别是涉及发布合同授予公告和未中标投标人的事后汇报，借款人对标记为机密的文件不得透露在投标时由投标人提供的信息。这可能包括专有资料，商业秘密以及商业或财务敏感信息。

8. 新增对于公开评估信息的规定

具体条文如下：

5.20 借款人处理有关申请/标书/提案的审查、澄清和评估信息时应避免在选择过程中将其内容披露给其他任何投标人，任何其他方无权访问这类信息直至借款人按照适用的采购文件的程序通知对申请/标书/提案的评价结果。

9. 新增对于沟通的规定

具体条文如下：

5.21　在采购过程的不同阶段，借款人和申请人/投标人/提案人/顾问之间的沟通应以书面证明。借款人应保持会议的书面记录，如早期市场参与、竞争性对话和探索性/澄清会议。

10. 新增对于标准采购文件的规定

具体条文如下：

5.25　国际竞争性采购，借款人应使用世界银行的标准采购文件（SPD），外部网站网址 www. worldbank. org/procurement/standarddocuments。涉及国内竞争性采购的，在世界银行接受的情况下，借款人可以使用自己的采购文件。

11. 新增了部分合同类型

新增的有以绩效为基础的合同、以时间为基础的合同。具体条文如下：

5.28　合同的类型和安排需要考虑自身性质、风险和采购的复杂性以及物有所值的考虑。适用的合同类型和安排包括：总价合同、交钥匙合同、以绩效为基础的合同、单价合同、以时间为基础的合同、协议框架、建造—拥有—运营合同和建造—拥有—移交合同。

12. 新增国际贸易术语的规定

具体条文如下：

5.30　在国际竞争性采购中，国际贸易术语应用于货物的采购。采购文件应指明能够使用的国际贸易术语适用的版本。

13. 新增关于"两信封"开标的规定

由于划分了单信封和两信封，故对开标程序的规定有所改动。其实质是要求"两阶段投标"要与"单阶段投标"一样保证公开性以及廉洁性。

具体条文如下：

5.43　在单步单信封过程中，借款人应当：

a. 在公开地点开启在最后期限前收到的所有投标/提案；

b. 大声宣读并记录每个递交投标/提案的投标人/提案人/咨询顾

问的名称、每个投标总额、是否有折扣、投标/提案保证金、投标/提案担保声明，如果被要求或允许的话是否有可替代投标/提案。

5.44 在单步双信封过程（没有最佳和最终投标或谈判，或一个不是竞争性对话的过程），对于第一个信封（技术投标/提案），借款人应当：

a. 在公开地点开启在最后期限前收到的所有技术投标/提案。已经提交的财务提案不开封，保存在一个安全的地方；以及

b. 大声宣读并记录每个递交投标/提案的投标人/提案人/咨询顾问的名称、装有价格的密封信封的存在与否、投标保证金/投标保证声明的存在与否以及如果需要，认为适当的任何其他信息。

5.45 在单步双信封过程（没有最佳和最终投标或谈判，或一个不是竞争性对话的过程），对于第二个信封（价格投标/提案），借款人应当：

a. 在公开地点开启满足技术要求所有价格投标/提案；

b. 大声宣读并记录每个递交投标/提案的投标人/提案人/咨询顾问的名称、适用的技术得分、每个投标/提案的总金额和任何折扣；以及

c. 合同签订后，返还仍未开封的价格投标/提案，由于其技术投标/提案不符合要求或被认为无响应。

5.46 在一个第一阶段不提交价格的多阶段过程中，要宣读的信息和单步两信封是一样的。在多阶段两信封过程中，最佳和最终投标或谈判将会发生，或在竞争性对话过程中，开标不会发生在公共场所，但要世界银行认可的廉洁保证供应商在场。

14. 新增评标标准的规定

这一条款要求借款人要在招标文件中应尽可能详细地说明评标所用的标准和方法，关于这些标准和方法可从世界银行标准采购文件中找到参考。具体条文如下：

5.50 评标标准和方法应在投标邀请文件中详细说明。评标标准和方法应适用于所采购的类型、性质、市场条件和复杂性。对于国际竞争性采购，对提交投标价格（格式、结构和细节），比较方法和评

估投标价格(包括从借款国采购货物、工程、非咨询服务、咨询服务的征税处理)的要求在相应的世界银行标准采购文件中作了详细规定。

15. 量化对国货或者国内企业的最大优惠

世界银行认可成员方可能对国内产品或者国内企业的优惠,但对这种优惠进行了最高限度的规定,且国内优惠不适用于设备(plant)的采购。对于国货,在评标时,允许对国外货物增加15%的运费和保险费(CIP)价格;而对于国外企业,则对外国企业提供的价格增加7.5个百分点。

具体条文如下:

5.51 当使用国际公开竞争采购方法来采购货物或工程时,评标时可能提供如下国内优惠:

a. 借款人国家生产的货物,对比于国外制造的货物,优惠是对国外制造的货物增加15%的运费和保险费(CIP)价格;以及

b. 人均国民总收入低于指定的"门槛"(世界银行每年有规定)的成员国的工程项目,当比较合格的国内企业与国外企业投标时,国内优惠是对外国企业提供的价格增加7.5个百分点。

16. 新增拒绝所有咨询服务投标的规定

由于咨询服务采购不像货物和工程那样容易进行需求描述,实际中可能会出现投标无法满足需求以及投标价格过高、甚至违反了相关公共利益等,因此世界银行规定了在这些情况下拒绝所有投标的可能。在这种采购失败的情况下,世界银行可能会面临增加预算或者重新调整咨询服务的范围,无论是哪一种改变,都需要重新发布招标邀请。

具体条文如下:

5.62 拒绝所有提案是合理的(合同事前审查获世界银行不反对意见),如果:

a. 所有提案未能应对受权调查范围(TOR)的重要方面;或在遵守时存在重大缺陷;

b. 所有提案未能达到最低技术得分;或者

c. 中标提案提供的价格大大高于可用预算或最近更新的成本

估计。

5.63 在段落5.62 c 中，除了再邀请提案，借款人与世界银行协商，应该调查增加预算或缩小咨询服务范围的可能性。然而，任何实质性的减少咨询服务都需要再邀请。如果成本是对基于时间的合同的评价因素，那么可能会对咨询顾问提出的每月几人的数量进行谈判，前提是这种改变不影响质量和进程。

17. 新增工程和设备严重不平衡报价或前重后轻投标（front-loaded bids/proposals）的规定

对于工程和设备采购，如果借款人认为被推荐的投标或者提案是不合适的，由此可能带来风险，借款人可以要求投标人提供关于价格、工程范围等的书面澄清文件，在综合分析后，借款人可能拒绝或者接受投标或者建议，也可以让投标人/提案人增加不超过合同价格20%的履约保证金。

具体条文如下：

5.64 对于工程和设备采购，如果投标/提案被评估为最低成本/最高评价，但在借款人的看来是严重不平衡或前重后轻的，借款人可能要求投标人提供书面澄清，包括详细的价格分析来证明价格和工程范围、应用方法和进度计划的一致性。在评估详细的价格分析之后（合同事前审查获得世界银行不反对意见），借款人可能会：

a. 接受投标/提案；

b. 要求投标人/提案人增加履约保证金数量，但不超过合同价格的20%；

c. 拒绝投标/提案。

18. 新增非正常低价投标的规定

非正常低价中标极易引起供应商以劣质材料或者较差的服务来履行合同，世界银行关注到这一现象，并在赋予采购人认定这一现象甚至拒绝这一投标的权利。

具体条文如下：

5.65 非正常低价投标/提案是结合其他投标/提案因素，投标/提案价格看起来如此之低以至于借款人担心材料问题和投标人/提案人是否具备按合同提供价格履行的能力。

5.66 当借款人认定一个潜在的非正常低价投标/提案时，借款人应当从投标人/申请人寻求书面澄清证明，包括投标价格详细的分析以及合同标的物、范围、应用的方法、进度计划、风险与责任分配和投标邀请/提案邀请文件任何其他要求。

5.67 评估价格分析后，如果借款人认为投标人/申请人未能证明其有能力按提供价格履行合同，借款人应当拒绝投标/提案。

19. 新增最有利投标（most advantageous bid/proposal）作为决标标准

世界银行认为，应选择"最有利投标"作为授标标准，并区分了"货物、工程和非咨询服务"以及"咨询服务"另种类别分别作了规定。对"货物、工程和非咨询服务"而言，当使用等级标准时，最有利投标为满足资质要求且符合采购文件要求的最高等级的投标或者提案；当没有等级标准可参考时，最有利投标为满足资质要求且符合采购文件要求的最低评估成本的投标或者提案。对"咨询服务"而言，最有利提案即为"最佳评估提案"。

具体条文如下：

5.68 借款人应当向提供最有利投标/提案的投标人/提案人/咨询顾问依照适用的选择方法授予合同。

货物、工程和非咨询服务：

5.69 当使用等级标准时，最有利投标/提案是投标人/提案人满足资质标准且被认为：

a. 实质上符合投标邀请/提案邀请文件要求；以及

b. 最高等级投标/提案。

5.70 当未使用等级标准时，最有利投标/提案是投标人/提案人满足资质标准且被认为：

a. 实质上符合投标邀请/提案邀请文件要求；以及

b. 最低的评估成本。

咨询服务：

5.71 最有利提案是最佳评估提案。

20. 新增对合同授予意愿通知（notification of the intention to a-ward）的规定

为更好地贯彻公开透明原则，世界银行增加了合同授予意愿通知的相关规定。对于"货物、工程和非咨询服务"而言，如果世界银行要求该合同必须经过事前审查，那么借款人只有在收到世界银行的不反对评估报告后才应当发送"合同授予意向通知"，任何"合同授予意向通知"必须以最快的方式发送给中标人以及其他未中标人，其内容包括中标人的名称和地址、合同价格、中标的综合得分，其他未中标投标人名称、价格和得分、未中标的原因，等等。对于"咨询服务"而言，也应遵循类似的规定。

具体条文如下：

货物、工程和非咨询服务：

5.72　合同授予决定之后（或在框架协议的情况下，决定订立框架协议），借款人应当同时以最快的方式及时向中标的投标人/提案人提供借款人合同授予意愿书面通知（即授予意愿通知），（或者在框架协议的情况下，通知有意订立框架协议），进一步的细化放在投标邀请/提案邀请文件中。这种通知应发送给每个递交标书/提案的投标人/提案人（除非投标人/提案人曾在采购流程的过渡阶段收到排除通知）。

5.73　受世界银行事前审查管制的合同，借款人只有在收到世界银行的不反对评估报告后（如附件 II 7.1 款的要求，采购监督）才应当发送授予意向通知（或在框架协议的情况下，通知有意订立框架协议）。框架协议的情况下，收到世界银行的不反对评估报告后要立即提供给投标人/提案人有意订立框架协议的书面通知。

5.74　借款人合同授予意愿通知至少应当提供给每个收件人以下信息，进一步在相关投标邀请/提案邀请文件中细化：

a. 中标人的名称和地址；

b. 合同价格，或者在评级标准（价格和技术因素被等级化）基础上如何决定中标的标书/提案，合同价格和中标的综合得分；

c. 所有递交了标书/提案的投标人/提案人的名称、宣读的合同

价格及评估;

d. 声明收件人投标/提案失败的原因,除非 5.74 c 价格信息已经揭示了原因。借款人不得透露任何其他投标人/提案人的机密或专有信息,如成本分析、商业机密、制造工艺和技术,或其他机密的商业或财务信息;

e. 如何在缓冲期要求事后说明或递交投诉的说明按投标邀请/提案邀请文件安排,并遵守附件三采购相关投诉的要求;

f. 缓冲期结束的日期。

咨询服务:

5.75 中标的咨询顾问草签了协商合同草案后,借款人应当及时向每个已打开财务提案的咨询顾问同时提供中标咨询商授予意愿通知。在框架协议的情况下,决定订立框架协议后应及时提供给咨询顾问框架协议订立意愿书面通知。

5.76 受世界银行事前审查管制的合同,只有在收到世界银行对协商合同草案的不反对意见之后才应立即提供授予意愿通知(或框架协议订立意愿通知)。在框架协议的情况下,要收到世界银行不反对评估报告。

21. 新增对缓冲期(standstill period)的规定

"缓冲期"类似于"公示期",以便相关当事人提出质疑或者投诉。缓冲期在"合同授予意向通知"发出之日起需要持续 10 个工作日。但在只收到了一个投标/提案、直接选择供应商、框架协议下的企业分订单过程以及世界银行认可的紧急情况时,不需要有缓冲期的规定。

具体条文如下:

5.78 缓冲期适用于给投标人/提案人/咨询顾问提供检查授予意愿通知以及评估是否应当提交投诉的时间,除了 5.80 中描述的情况。

5.79 借款人授予意向通知(包括框架协议)的传递即开始了缓冲期。缓冲期在传递日之后需要持续 10 个工作日,除非按照 5.82 另有延长。合同在缓冲期前或缓冲期期间均不得授予。

5.80 尽管有 5.78 款，但在以下情况不得要求有缓冲期：

a. 在开放竞争的过程中只提交了一个投标/提案；

b. 直接选择；

c. 框架协议下的企业分订单过程；

d. 世界银行认可的紧急情况。

5.82 借款人应当在收到事后说明要求后 5 个工作日内提供事后情况说明，除非借款人有正当理由在时间表外提供。在这种情况下，缓冲期应当在提供说明后自动延长 5 个工作日。如果不止一个说明延迟，缓冲期不应早于最后一个说明提交后的 5 个工作日结束。借款人应迅速通知所有的投标人/提案人/咨询顾问缓冲期延长的情况。

5.88 在缓冲期结束后，如果借款人没有收到未中标人任何的投诉，那么借款人应当紧接着按其先前在合同授予意向通知书中的授予决定授予合同。

5.89 对于需要事前审查的合同，在缓冲期期间，如果借款人没有收到任何的投诉，应当紧接着按其先前收到的世界银行不反对意见的授予推荐授予合同。

5.91 如果借款人在缓冲期期间收到了未中标人的投诉，借款人不应授予合同，直到投诉处理完毕。

5.92 对于需要世界银行事前审查的合同，在没有收到世界银行对妥善解决投诉的证明之前，借款人不应继续授予合同。

22. 新增对合同授予公开通知的规定

这一条也是为了增加合同授予过程的公开透明，对于合同授予公开通知发出的期限以及内容进行了规定。具体条文如下：

5.93 对所有合同，无论是否受到世界银行的事前或事后审查，借款人应当在向中标人/提案人/咨询顾问发布合同授予通知起 10 个工作日内发布合同授予的公开通知。

5.94 合同授予通知至少应包括以下信息，它们适用于每个选择方法：

a. 借款人项目实施单位进行采购的名称和地址，如果不同，注明借款人的承包代理人；

b. 被授予合同的名称、编码和使用的选择方法；

c. 所有提交投标/提案的投标人/提案人/咨询顾问的名称，开标时宣读的投标/提案价格及其评估；

d. 所有投标/提案被拒的投标人/提案人/咨询顾问的名称，无论其拒绝原因是无应答或不符合资格标准或没有评估；以及

e. 中标的投标人/提案人/咨询顾问的名称，最终的合同价格，合同持续时间和范围的摘要。

23. 新增借款人对合同管理的规定

世界银行规定借款人具有合同管理的义务。具体条文如下：

5.97 合同管理的目的是确保各方履行义务。合同应由借款人积极管理，确保承包商的表现是满意的，告知了所有利益相关者并且满足合同所有要求。详情见附件十一，合同管理。

24. 新增对采购过程记录的规定

具体条文如下：

5.98 借款人应当符合法律协议的要求记录采购过程所有的进程。

（五）细化采购方式及其适用情形

世界银行首先根据采购对象划分为两大类：一类是货物、工程及非咨询服务；另一类是咨询服务。两类的适用情形不尽相同。图4-1显示了货物、工程及非咨询服务的采购选择方式和市场路径选择。

货物、工程和非咨询服务	市场路径选择										
被支持的选择方式	公开	有限	直接	国际市场招标	国内市场招标	资格预审	初次选择	单步	多步	最佳和最终报价	谈判采购	类型评级
采购选择方式											
提案邀请	√	√	×	√	√	×	一般情况下				√*	一般情况下
投标邀请	√	√	×	√	√	可选的	×	×	×	×	√*	非一般情况下
报价要求	√	√	×	√	√	×	×	×	×	×	×	×
直接选择	×	×	√	√	√	×	×	×	×	×	×	×
选择安排											
竞争性对话	√	√	×	√	√	×	需要时				√	√
公私合营	√	√	×	√	√	×	×	×	×	×	×	√
商业惯例	根据可接受的商业采购惯例											
联合国机构采购	按照段落6.47和6.48											
电子反向拍卖	√	√	×	√	√	×	×	×	×	×	×	×
单纯进口	√	√	×	√	√	×	×	×	×	×	×	×
农产品采购	√	√	×	√	√	×	×	×	×	×	×	×
社区主导型发展项目	√	√	×	√	√	×	×	×	×	×	×	×
自营	√	√	×	√	√	×	×	×	×	×	×	×

注：√ 这种市场路径选择是可行的；× 这种市场路径选择是不可行的；* 适用于竞争过程后的谈判，如段落6.34~6.36所示（详见下文）。
段落6.47和6.48分别规定了在何种情况下借款人可当直接向联合国机构进行采购，以及与联合国机构订立合同的相关要求。

图4-1 被支持的选择方式：货物、工程和非咨询服务

1. 明确定义货物、工程及非咨询服务的四大类选择方式

第一，提案邀请（request for proposals，RFP）；第二，投标邀请（request for bids，RFB）；第三，报价要求（request for quotations，RFQ）；第四，直接选择（direct selection）。具体含义如下：

提案邀请：

6.3 RFP 是请求提供一个带价格或不带价格提案的竞争性方法。如下情况应予以使用：由于被采购货物、工程、非咨询服务的性质和复杂性，通过允许提案人提供多种不同方式的定制解决方案或提案，借款人的业务需求得到了更好地满足，达到或超过 RFP 文件的要求。

6.4 RFP 通常是一个多阶段的过程。

投标邀请：

6.5 RFB 是请求提供一个带价格投标的竞争方法。如下情况应予以使用：由于被采购货物、工程、非咨询服务的性质，借款人能够对提供标书的投标人说明详细要求。

6.6 RFB 下的采购是一个单阶段的过程。

要求报价：

6.7 RFQ 是基于公司的报价进行比较的竞争性方法。这个方法可能比用更复杂的方法采购有限数量的现成商品、非咨询服务、标准规格商品或简单的低值土建工程更为有效。详情见附件十二，选择方法。

直接选择：

6.8 均衡、既定目的和物有所值的考虑可能需要直接选择方法：也就是说，只和一个公司接洽和谈判。这种选择方法在只有一个合适的公司或有理由使用某首选公司可能适合。

6.9 直接选择在以下情况下可能适用：

a. 对按照世界银行可接受的程序授予的现有货物、工程和非咨询服务合同，包括最初不由世界银行资助的合同，可以续签具有类似性质的货物、商品或非咨询服务，如果：

i. 它是正确合理的；

ii. 进一步的竞争采购没有任何优势；

iii. 续签合同的价格是合理的；

b. 有正当理由重新雇用在过去 12 个月曾与借款人完成一项类似合同的公司。理由应当表明：

i. 公司执行之前的合同令人满意；

ii. 不得通过竞争获得优势；

iii. 直接发包的价格是合理的；

c. 如批准的采购计划中提到，是非常低值低风险的采购；

d. 特殊情况。例如，为了应对紧急情况；

e. 由于设备或零配件的标准化，为了与现有设备相兼容，从原供货商增加订货是合理的，如果另一个品牌的优势和劣势或设备来源的理由被世界银行认可；

f. 所需设备具有专利性质，并且只能从单一来源获得；

g. 从某特定供货商处采购某些货物是确保设备或设施达到要求的运行性能或运营指标的关键；

h. 货物、工程或非咨询服务是由借款人国家的、大学、研究中心或有独特性质的机构（3.32）提供的；

i. 按照 6.47 和 6.48 的要求从联合国机构直接选择。

6.10　在直接选择的所有实例中，借款人应确保：

a. 价格合理，类似性质物品符合市场利率；

b. 所需的货物、工程或非咨询服务并不是为了避免竞争过程而拆分成较小规模的采购。

2. 规范了货物、工程、非咨询服务领域所有可用的市场路径选择

包括公开竞争（open competition）、有限竞争（limited competition）、国际市场招标（approaching the international market）、国内市场招标（approaching the national market）、资格预审（prequalification）、资格后审（post-qualification）以及多阶段采购（multistage procurement），并且新增初次选择（initial selection）、单步单信封（single stage one-envelope）、单步双信封（single stage two-envelope）、最佳和最终报价（best and final offer）、谈判采购（negotiations）、使

用类型评级评标标准（use of rated-type evaluation criteria）的规定。每种选择方式和选择安排下对应不同种可采用的市场路径，对应见图4-1。具体新增条文如下：

6.25　初次选择一般应与提案邀请方法一起使用而且对所有的竞争性对话过程都应使用。它使借款人只邀请排名最高的申请者提交提案。初次选择涉及两步过程。第一步是类似于上述资格预审过程，建立申请者的初选名单（long-list）。初选名单内的申请者再根据分级标准进行评估。在根据综合评级标准得分排名后，借款人按排名由高至低选择申请者提交提案。借款人应当在初次选择文件中说明可能被初次选择的申请人范围。

6.26　初次选择结束后，借款人应当通知所有申请者初次选择的结果。对初次选定申请者递交提案的邀请应当包括所有初次选定申请者的名称。

6.28　当规格和需求足以提交完整的投标/提案时，单步采购是最合适的。单步单信封采购要求提交的技术和资金投标/提案在一个信封里。

6.29　在适当的情况下，两信封可用于单步采购。第一个信封包含资格和技术部分，第二个信封包含资金（价格）部分；两信封是按顺序打开和评估的。

6.32　在受制于事前审查的国际竞争性采购下，世界银行可能会同意借款人使用最佳和最终报价（BAFO）。BAFO是借款人邀请投标人/提案人递交实质上响应的投标/提案来提交他们的最佳和最终报价下的一种选择。如果采购过程受益于投标人/提案人利用最后的机会来改进他们的投标/提案，包括通过降低价格、澄清或修改他们的投标/提案，或提供额外的信息，那么BAFO可能是适当的。借款人应在投标邀请/提案邀请文件中通知投标人/提案人：

a. 是否使用了BAFO；

b. 投标人/提案人并不是必须提交BAFO；以及

c. 使用BAFO后就没有谈判。

6.33　如果应用BAFO，借款人应当经世界银行同意雇用廉洁保证服务提供者。

6.34 在受制于事前审查的国际竞争性采购下,世界银行同意借款人在评标之后最终合同授予之前使用谈判。

6.35 任何谈判应当遵从投标邀请/提案邀请文件的规定。如果进行谈判,必须有经世界银行同意的廉洁保证供应商在场。谈判可能涉及条款和条件、价格、社会、环境和创新方面,只要他们不改变投标/提案的最低要求。

6.36 借款人应当先与提供最有利报价的投标人进行谈判。如果结果不满意或无法达成协议,借款人随后会与下一个提供最有利报价的投标人谈判,如此下来,直到达到一个令人满意的结果。

6.37 评级类型标准评估一些在金钱方面无法完全评估出来的价值点。价值点通常是基于提案满足或超过投标邀请文件所详细要求的程度来分配。详情见附件十,评估标准。

3. 明确规定了货物、工程、非咨询服务领域十大类典型选择安排

包括公私合营(public private partnerships)、从联合国机构采购(UN agencies)、单纯进口(imports)、农矿产品采购(commodities)、社区主导型发展项目(community driven development)、自营(force accounts)。并且新增竞争性对话(competitive dialogue)、商业惯例(commercial practices)、电子反向拍卖(e-reverse auctions)、提供服务的承包商(service delivery contractors)。具体新增条文如下:

6.39 竞争性对话是一个互动的多阶段选择安排,允许和提案人动态参与。借款人应在 PPSD 中证明使用竞争性对话是合理的。它只用于复杂或创新的采购。

6.40 竞争性对话在下列情形可能是适当的:

a. 有很多方案有可能满足借款人的要求,而用来支持这些方案的详细技术和商业安排需要双方讨论和改进;

b. 由于采购的性质和复杂性,借款人客观上不足以:

i. 充分定义满足其要求的技术或性能规格和范围;

ii. 充分说明采购的法律和财务安排。

6.46 商业惯例是指采用私人部门使用的完善的采购安排（一般实体不受借款人公共采购法的约束）采购货物、工程和非咨询服务。商业惯例也可能被用于进口项目。世界银行的核心采购原则是用来确认商业惯例是否可接受的标准。

6.49 电子逆向拍卖（e-auction）是一项网上预订事件，指经过资格预审/注册的企业在价格上相互竞争。详情见附件十二，选择方法。

6.56 项目可能涉及个人（但不是员工）承包交付非咨询服务。他们是根据借款人人员招聘程序并经世界银行审查接受后选择的。当个人交付由企业提供的服务时，企业应当使用采购规章中指定的适当选择方法和程序。

4. 新增对于咨询服务的相关规定

对于咨询服务，其采购选择方式和市场路径与货物、工程和非咨询服务不同。

第一，明确定义咨询服务的七大类选择方式。分别是基于质量成本的选择（quality cost based selection，QCBS）、基于固定预算的选择（fixed budget based selection，FBS）、基于最低成本选择（least cost based selection，LCS）、基于质量的选择（quality based selection，QBS）、基于咨询商资质的选择（consultant's qualifications based selection，CQS）、直接选择（direct selection）和商业惯例（commercial practices）。

第二，明确定义咨询服务的两项选择过程。分别为准备一个提供咨询服务的候选人名单（short-list）并且发布提案请求。

第三，明确规范咨询服务的六大类市场路径选择。包括公开竞争（open competition）、有限竞争（limited competition）、国际市场招标（approaching the international market）、国内市场招标（approaching the national market）、直接选择（direct selection）以及候选人名单（shortlist）。

第四，明确定义咨询服务的五大类典型选择安排。包括商业惯例（commercial practices）、从联合国机构采购（UN agencies）、从非营利组织采购（non-profit organizations）、从银行采购（banks）、从采购代理人采购（procurement agents）。

第五，提出针对个人咨询商被支持的选择方式。包括公开竞争（open competition）、有限竞争（limited competition）以及直接选择（direct selection）。具体条文见附件第七部分原文。

三、《世界银行采购指令》的主要变化

《世界银行指令：投资项目融资下的采购以及其他操作性采购事项》（*Bank Directive：Procurement in IPF and Other Operational Procurement Matters*）阐述了由世界银行投资项目融资操作支持下与采购活动相关的操作规则和一般角色，世界银行将在构建借款人采购能力和其他操作性采购事项上提供帮助。内容共分为九个部分：I. 目的和适用性；II. 定义及缩略词；III. 范围，包括采购评估、借款人适用的采购规则及过程、监控采购相关的合规性和执行支持、替代性采购安排、角色职责和解释、机构间利益冲突、采购相关的投诉，合同纠纷和其他沟通、对借款人在采购能力建设方面的支持；IV. 弃权；V. 生效日；VI. 过渡期安排；VII. 发行人；VIII. 发起人；IX. 相关文件。

具体来看，《世界银行采购指令》主要包含以下几点：

（一）强化采购风险的评估与监督机制

在项目准备阶段，世界银行评估可能会影响项目和世界银行融资的采购相关风险，考虑所有适合于项目的采购安排，包括世界银行的执行支持和项目监督。事先审查和事后审查也引入了风险评级制，根据采购风险评级，银行设定预先审查的货币"门槛"。对于高风险高价值的采购活动通常需要采取事先审查。项目完成后，通常还会进行后审，银行可能会依靠第三方，如最高审计机构，个人和公司，可以接受的银行，进行事后审查。

（二）明确了世界银行采购相关职能的分配

首席采购官（chief procurement officer）负责对采购框架的总体监

督，董事（director for public integrity and openness，GGP）负责采购框架的实施执行，法律副总统（legal vice presidency）负责提供法律采购事宜的咨询服务，任务团队（TASK teams）负责提供项目层面的采购支持和采购监督活动。

（三）明确了需要考虑机构间利益冲突

世界银行集团机构而不是银行可能与世界银行资助项目的货物、工程、非咨询服务以及咨询服务的潜在提供者的有财务利益关系，或者是参与了与项目有关的借款人的咨询服务。在这种情况下，就必须考虑利益冲突。具体参考世界银行制定的"机构间因为利益冲突准则"（inter-institutional operational conflict of interest guidelines）。

（四）采购相关的投诉或合同纠纷处理要及时、公平、透明

世界银行要求，与采购相关的投诉或合同纠纷处理要及时、公平、透明，同时借款人需记录所有投诉和合同纠纷。

（五）对借款人在采购能力建设方面给予支持

在项目层面，在项目准备和实施期间，除了提供技术支持，世界银行会识别借款人采购能力建设的需要，以及人员、资金、咨询服务、培训和其他措施以满足这些需求的提出。

四、《世界银行采购程序》的主要变化

《世界银行程序：投资项目融资下的采购以及其他操作性采购事项》（bank procedure：procurement In IPF and other operational procurement matters）阐述了由世界银行投资项目融资操作下的具体程序化操作指南和其他操作性采购事项。它用来补充《世界银行采购政策》和《世界银行采购指令》，是指令的细化。内容共分为九个部分：Ⅰ.目的和适用性；Ⅱ.定义及缩略词；Ⅲ.范围，包括投资项目融资

准备阶段采购、投资项目融资实施和监测阶段采购、采购框架的解释修正和弃权、操作性采购事项；Ⅳ. 弃权；Ⅴ. 生效日；Ⅵ. 过渡期安排；Ⅶ. 发行人；Ⅷ. 发起人；Ⅸ. 相关文件。

第三节　世界银行采购规则的主要变化趋势

一、强调可持续采购理念

世界银行新采购框架传递一种可持续发展理念。其规定，如果与世界银行达成协议且与世界银行核心采购原则相一致，借款人可能在采购过程中包含额外的可持续性要求，包括他们自己的可持续采购政策要求。可持续采购指在选择供应商或评估供应商关系时除考虑经济情况外还需考虑环境、社会和道德因素。共同可持续发展倡议的目的是制定和实施一个全球性供应商参与计划来评估和改进化工行业供应链内各公司的可持续发展实践。当设置额外的可持续采购管理要求时应采用一个适合的采购方法。通用的可持续采购要求可以适用于任何合同。

二、强调以物有所值作为首要原则

新采购框架强调采购过程的安排要立足于目标导向，将物有所值确立为首要原则，这就要求采购活动的效益不仅仅像传统采购一样要满足政府或公共产品的有效提供，还要照顾本国有竞争力的企业，使其平等地参与市场竞争，同时需要发挥其额外效用，实现物有所值。在适应各国国情的同时，该框架将确保公共支出体现出更大价值，框架也将为建立借款国中央层面的采购能力提供更多机会，给予更多支持，强化国家采购体系。如，当租赁与采购相比更合算时，那么可以采购租赁的方式；新增对于采购二手货物的规定。

与物有所值原则相一致，世界银行以"最有利投标"作为决标标准。对"货物、工程和非咨询服务"而言，当使用等级标准时，最有利投标为满足资质要求且符合采购文件要求的最高等级的投标或者提案；当没有等级标准可参考时，最有利投标为满足资质要求且符合采购文件要求的最低评估成本的投标或者提案。对"咨询服务"而言，最有利提案即为"最佳评估提案"。

三、增加了借款人的采购裁量权

这主要体现在如果借款人认为投标人的投标或者建议提案是不合适的或者是异常低价的，有权要求投标人提供证明，或者是额外的履约保证甚至拒绝接受标注。如对于工程和设备采购，如果借款人认为被推荐的投标或者提案是不合适的，由此可能带来风险，借款人可以要求投标人提供关于价格、工程范围等的书面澄清文件，在综合分析后，借款人可能拒绝或者接受投标或者建议，也可以让投标人/提案人增加不超过合同价格20%的履约保证金。再如，世界银行赋予借款人识别"异常低价"投标现象，并在赋予借款人认定这一现象甚至拒绝这一投标的权利。世界银行还新增借款人可以拒绝所有咨询服务投标的规定。

四、推进了采购透明性

新框架彰显了透明采购的特点，确保了采购的规范性。如，在"两信封"招标中，要求其与"单信封"招标一样，要完全公开；增加了合同授予意愿通知的相关规定，任何"合同授予意向通知"必须以最快的方式发送给中标人以及其他未中标人，其内容包括中标人的名称和地址、合同价格、中标的综合得分，其他未中标投标人名称、价格和得分、未中标的原因，等等；新增对合同授予公开通知的规定，对于合同授予公开通知发出的期限以及内容进行了规定。

五、采购流程更为精细化

从新框架总体上看，世界银行对于很多规定都予以了细化或量化，这不仅提供了操作上的便利，也是精细化的体现。例如，对于国内优惠就明确规定了外商报价应该增加的百分比。另外，采购方法不断增加，使得借款国可以根据自身能力、可消化资金选择合适的采购方式，从而既增强了资金的有效利用，实现了采购目标，又维护了本国信用声誉。在采购方法增加的同时，对于采购方法的选用也以表格形式予以明确，从而保证采购的合规性。框架也为借款人针对世界银行贷款项目或世界银行与其他金融机构和国家机构联合资助的项目使用备选采购方式提供了可能。

六、兼顾采购刚性和灵活性

从世界银行新框架可看出，其在规范采购的同时，也照顾到采购的灵活性。从而使得采购规则"刚柔并济"。

如世界银行允许借款国使用本国采购程序或者方法，但规范了国内采购程序的适用性要求；允许借款人对本国货物或者本国企业给予优惠，但同时又对最大优惠进行了上限规定；对于紧急情况下，世界银行允许借款人先提供一个简化的采购计划，在执行阶段再予以完善；事前审查流程简化但"门槛"提高，该框架使得采购决策减少了对事前审查的依赖，简化了世界银行采购流程，进而缩短了采购决策时间，但同时重点关注于借款客户能力、市场环境以及腐败风险，事先审查"门槛"大幅提高。

七、采购标准化趋势明显

世界银行主要在采购文件标准化以及采购程序标准化方面做出了规定。如其规定在国际竞争性采购时，借款人应使用世界银行的标准采购文件（SPD）。再如，其新增评标标准的规定，要求借款人要在招标文件中应尽可能详细地说明评标所用的标准和方法，关于这些标准和方法可从世界银行标准采购文件中找到参考。另外，细化采购规则本身也是采购程序的标准化。

八、采用 PPSD 评估法达到风险最小化

借助《旨在促发展的项目采购战略》（PPSD），世界银行项目经理们将更全面地了解最适当的采购安排，这些安排如何推动实现发展目标以及它们如何在项目实施期间最大限度降低潜在风险。采购指南逐渐跳出传统的制度框架，而立足于风险—效益分析，以经济学的视角审视公共采购，通过规范市场环境、对借款人能力、利益相关者等风险评估方法，要求政府不仅要考虑投资和运营成本，还要注重伴随着此过程的各种风险分析、监管成本，可实现效益等等，一方面，很大程度上推动了良性市场竞争；另一方面，世界银行也将向脆弱和受冲突影响地区以及能力较低国家的借款人提供更多实际操作支持，同时保留借款人的项目执行责任。以此来实现风险的最小化。

九、电子化采购趋势明显加强

世界银行支持成员国电子采购，同时也支持其他借款国建立自己的电子化采购系统，如果借款国希望用的话，世界银行会对此进行评估，看看其是否合适，最主要的原则就是不歧视、无壁垒、有效。世界银行对所有的采购结果都予以公示，而且近年来对公示透明度的要求更加严格，而这也依赖于电子化的过程。世界银行已经电子化的系统有电子服务咨询聘请系统用以聘请专家、电子化授标系统用以避免随意修改、电子化黑名单用以企业资格审查。新采购框架在此基础上提出了用于线上价格竞争的电子反向采购和更为有效和全面的采购信息交换情况系统跟踪（systematic tracking of exchanges in procurement, STEP），这是一个完全的终端到终端在线跟踪系统，可以实时记录所

有信息与沟通反映买卖方的表现，体现合同的执行过程及结果，最后还可以进行各类数据的统计分析。从这我们可以看出，近年来世界银行一直致力于电子化采购的开发，而这也是大数据时代的趋势。

十、将采购流程延伸至合同管理

新框架高度重视合同管理，一方面，世界银行更多地参与到高风险高价值的合同管理以确保实现最佳结果；另一方面，新增了缓冲期的规定，对解决采购相关投诉的能力有了明显的保证，能够及时应对合同授予过程中的任何问题。并且，世界银行要求，对于采购相关的投诉的处理应及时、透明，这也表明了世界银行对于采购全过程的监管重心转移。

十一、将采购范围扩大到咨询服务采购

此前世界银行采购对象包括货物、工程和非咨询服务，新框架则明确咨询服务也属于采购对象，并规定了特殊的采购规则。

第五章

新一轮国际政府采购规则下各国改革实践

第一节 欧盟主要成员国政府采购改革

一、英国

英国针对欧盟公共指令新变化积极做出政府采购政策的调整，于2015年制定了全新的《公共采购法规》（*The Public Contracts Regulations*，PCR）以适应新的欧盟公共采购体系，为本国政府采购发展创造有利的内部外部环境。而对公共采购程序的调整则是英国新的采购法规的核心内容。

英国此次针对新的欧盟公共指令对本国政府采购制度的调整主要包括对服务采购的调整、采购文件标准化、采购方式的调整、创新伙伴关系的使用以及合同的授予、变更和分包等。

（一）对服务采购特殊规则的调整

如前所述，新的欧盟公共指令将原来的 B 类服务与 A 类服务统一起来，都要严格按照"公共采购指令"进行操作，但又规定了"社会和特殊服务项目"的特别采购规则。对此，尽管英国认为原来的 B 类服务规则更为便利，倾向于保留原来的规则，但最终还是遵守了欧盟的调整规则。由于"社会和特殊服务项目"门槛价相对更高，且门槛价以下的合同和采取竞争性谈话等协商方式的采购一般不需在 OJEU 上公告，且在授予合同的标准上更具有灵活性，如可以考虑特殊人群的需求、服务对象的参与权、创新性要求等，因此，为了减少欧盟规则修订带来的采购成本提高，为本国公共采购提供最大的灵活性，英国政府提倡引入并推行"社会和特殊服务项目"的特别采购规则，其较高的门槛价使得需在 OJEU 官网上公告并面对欧盟广泛竞争的公共采购数量减少。而且英国政府也指出采购机关可不限于欧盟提供的标准采购方式，在不违反有关义务的情况下采取一切灵活可行的方式进行采购。

（二）采纳欧洲统一采购文件并推行标准选拔问卷（SQ）

为了给供应商尤其是中小企业参与采购招标提供便利，英国政府取消了以往冗长烦琐的资格预审问卷（PQQ），且选择性地采纳了欧洲统一采购文件（ESPD）的要求，将其中关于选择供应商的规则进行修订，制定并推行标准选拔问卷（SQ）。SQ 中很重要的一点是允许潜在供应商进行自我宣告（self-declare），说明其具备资质且未被相关条款所排斥，采购机关只需对中标的供应商进行资格审核。与 PQQ 和 ESPD 相比，这就极大减少了供应商的负担，因为未成功中标的供应商不需要提供其详细的符合资格文件。SQ 的结构被分为三个独立部分：第一部分为供应商的基本信息，如合同详情、贸易伙伴关系、母公司详情、联合投标等；第二部分为供应商自我宣告，说明其是否受到禁入条款约束；第三部分为供应商自我宣告，说明其财务状况和技术水平是否符合采购选择标准。

原来烦琐的 PQQ 使得许多小企业望而却步，难以进入政府采购领域，政府采购招标易为大型企业垄断。此次取消 PQQ 制度，运用更加简便的 SQ 进行资格审查，可以降低中小企业参与投标的成本，通过公共采购制度设计促进中小企业发展。

英国的这项改革是对欧盟公共采购指令中关于标准化改革趋势的

一个回应，其不但采纳了欧盟的统一采购文件，且在标准化方面融入了自己的特色。

（三）扩大竞争性谈判和竞争性对话的适用范围

英国鼓励采购机关通过灵活协商以获取最大经济效益，运用竞争性谈判（CPN）和竞争性对话（CD）的条件变为相同，且范围都被扩大，更多的政府采购活动能够运用这两种方法。并且，全新的创新伙伴关系也被引入，允许采购机关与供应商达成伙伴关系共同研制开发新的产品服务。

在扩大适用范围竞争性谈判方式适用范围的同时，英国公共采购法规也对其程序采取了相关的监管保障措施：采购机关需事先设置最低要求且在协商过程中不可改变；采购过程中设置稳定的合同授予标准和各项权重；技术参数有任何改动需书面通知投标者；未经供应商特别同意不可向其他投标者或参与者透露其关键信息；纸质版提交所有投标文件。竞争性对话除了其适用范围扩大了以外，程序性的改变并不大。

英国政府也对竞争性谈判和竞争性对话二者如何选择的问题做出了解释。竞争性对话更适用于复杂的采购项目，由于不清楚满足需求的最佳方法，采购机关往往就需要在正式采购之前进行市场接洽，并且在决标后也能就出现的问题进行协商。竞争性谈判就没有这种自由了，但其适用范围更为广泛。两种方法各有所长，起到一个相互补充的作用，最大化采购机关的灵活性，促进公共采购实现"物有所值"的目标。

（四）创新型伙伴关系的引入

新的 PCR 对创新型伙伴关系下的采购程序做出了规定。采购程序很大程度上可遵循竞争性谈判的方式完成。通过招标公告，采购机关与其选定的潜在合作伙伴进行沟通协商，按最佳性价比原则将合同授予一个或多个伙伴。整个采购过程分为创新型产品、服务、工程的研发和对最终产品、服务、工程的购买两个部分。

创新型伙伴关系的引入则为政府与民间的合作提供了更大的便利，建立长期合作的关系有利于规避研发过程与采购过程脱节的风险，在订立创新型伙伴关系时运用竞争性谈判和竞争性对话的方式，能够进一步提高政府采购的效益，真正实现可持续采购的目标。

（五）合同的授予、变更和分包

1. 合同的授予

欧盟公共指令中授予合同的标准是经济最优（MEAT），它指的是不仅考虑价格是否最低，也要考虑货物、服务、工程的质量和长期成本，同时兼顾好社会效益、生态效益等方面。英国与之对应的标准是物有所值（value for money）。

新的 PCR 明确了采购机关评价经济最有利投标时可以考虑最高性价比（BPQR），在追求高质量服务采购中时这一点尤为重要。政府采购应确保物有所值，将价格、质量和效率结合考虑，不应只考虑最小化短期成本。为此，英国政府也引进了生命成本周期法（LCC），综合考虑内在成本如研发、制造、维护、折旧成本等，外部环境成本如污染等。运用生命成本周期法能够通过计量公共采购的长期成本，为合同授予提供有价值的参考，提高公共采购的未来效益。此外，采购机关对异常低价标的调查义务，也新增了调查投标者是否违反环境法、社会法、劳动法的要求。

2. 更灵活地变更合同

为了规避此前变更合同需要去 OJEU 重新发公告而引发的不确定性风险，新的 PCR 确立了不需重新公告的合同变更类型，为特定合同修改提供安全港，使之更加灵活和与时俱进。当合同在不触及实质性内容情况下（修改金额不超过合同总价值的 5%，且保持在门槛值之下）进行修改时，无须重新开启采购程序。此外，规则还涉及一些例外条款，将缔约机构难以预测的多种不可控情形均考虑在内，在这些情形下，修改不得影响合同的整体属性且价值增加幅度不得超过合同总额的 50%。这些调整都会在很大程度上为合同修改提供便利，使公共采购更加灵活，更有利于实现经济效益。

3. 合同分包更加透明

新的 PCR 通过对分包合同增设了额外的规定：采购机关可要求主要承包商将合同详情提供给分包商，若采购的货物、服务、过程最终为采购机关所有，则此项要求为必须。并且采购机关需确保供应链中明确无争议的账单在 30 天内得到清付，超出此期限供应商有权要求利息。这些规定增强了合同分包供应链的透明度，也强化了政府及时给付的义务。由于合同分包商多为中小企业，此次规则调整将为其提供更多便利，使其更便捷地获取合同信息，并及时得到付款，促进现金流动，得到更好的发展。

可见，英国 2015 年新修订的公共采购法在很多细节上都回应了新的欧盟公共指令的变化，在采购程序上更加灵活，更加高效。

二、意大利

2016 年 4 月 18 日，意大利部长理事会批准了一项关于改革意大利公共采购法规的新立法法令——第 50 号法令，决定执行 2014 年 2 月 26 日欧洲议会和欧洲理事会颁布的 2014/23／EU，2014/24／EU 和 2014/25／EU 指令，即《特许经营合同采购指令》（2014/23/EU）、《公共采购指令》（2014/24/EU）和《关于协调水、能源、效能和邮政服务等公共事业采购程序的指令》（2014/25/EU）（简称《公共事业指令》）。

第 50 号法令于 2016 年 4 月 19 日正式生效。该法令可能会对经济运营主体产生不确定性，因此还需要主管当局后续颁布相关具体法律解释和实施细则来进行完善，例如意大利基础设施和交通部发布的一般准则等。这些细则将会根据意大利国家反贪污腐败局（ANAC）的意见来发布。在具体细则发布之前，原有的意大利公共采购法中的部分条款将继续有效。

本次法令修改的主要内容有：

（一）强化国家反贪污腐败局（ANAC）的地位和作用

新法令的某些措施旨在加强 ANAC 的监督职能，强化 ANAC 对最佳实践的支持和促进，强化 ANAC 在简化缔约机关之间信息共享过程中的作用。ANAC 已被委托发布某些方向指南、合同、招标范例和其他软性法律文书。

一个由经过 ANAC 公共登记的注册专家组成的技术委员会，将会从技术角度监督招标过程。

（二）划分合格缔约机关的招标采购限额标准

ANAC 会保留一份合格缔约机关（类似于"采购人"）的登记名录，其中包括集中采购机构（centrali dicommittenza）。确定合格缔约机关的资格制度涉及签订特定类型合同的当局，并取决于合同的复杂性和基本合同的价值。组成合格缔约机关的机关是根据技术和组织能力等标准来选择的。

缔约机关将能够对金额低于 40000 欧元的商品和服务以及低于 150000 欧元的工程进行独立招标（不经过中央缔约机关）。如果金额在限额标准以上且缔约机关是合格的缔约机关，则缔约机关必须使用中央缔约机关提供的信息技术（IT）平台进行招标。如果不合格，他们将必须通过中央缔约机关或通过与合格的缔约机关的工会来执行工程和购买商品或服务。

（三）以"经济最有利标"作为决标标准

新法令规定，"最具经济优势的投标"标准应始终适用于金额超过 40000 欧元的社会服务、医院、学校和福利餐饮服务、劳动密集型服务、工程和建筑服务的招标流程。

（四）加入了新的分包法规

私人承包商将能够与第三方签订包括的商品，服务或工程的分包合同，条件是：

（1）相关分包额不超过合同价值的30%；

（2）私人承包商须收到缔约机关的事先授权；

（3）分包合同的效力在招标文件中明确规定。

任何投标人应在其报价中详细说明其打算分包给第三方的合同份额、分包商的名称，并说明分包的必要性。

（五）加入了确保遵守集体谈判协议的条款（社会责任条款）

公开招标和邀请招标，尤其是涉及劳动密集型活动的公开招标和邀请招标，合同中可以包括确保遵守集体谈判协议的条款，以便在履行合同时雇用工人的稳定性符合欧洲法律。根据新法令规定，"劳动密集型服务"是指劳动成本至少占合同全部价值50%的服务。

（六）明确提出了关于授予特许权的监管框架

这是首次将授予特许权纳入具体的监管框架。与其他公共合同相比，特许权显著特征是，它总是涉及有关特许经营商工程或服务运作的经济风险转移。

这种经营上的经济风险包括，特许公司无法收回在正常经营条件下进行的工程或服务的投资成本的可能性。这种风险涉及市场波动的实际暴露，如特许公司招致的任何潜在损失不应仅仅是名义上的或可忽略的。

如果供应商已获得特许经营合同，并且：金额超过150000欧元；没有参与公共采购程序；合同在新法规生效时仍在有效期。

该类供应商必须允许第三方通过参与公开招标，来实施合同价值80%的工程、服务和商品。

（七）引入了欧洲单一采购文件（ESPD）

在提交投标申请时，缔约机关必须遵守欧洲单一采购文件（ES-PD）的规定。该文件应从2018年4月18日起以电子形式提供。ES-PD包括最新的自我认证，即相关供应商需履行缔约机关的要求和条件以便参与投标。该自我认证在初级阶段取代了公共当局或第三方颁发的所有证书。

（八） 赋予采购人新的权利

根据新法令的规定，缔约机关被赋予新的权利。如果当局可以证明投标人犯有严重不当行为，不利于其完整性或可靠性时（例如，提前终止执行先前的合同、试图影响裁决或为自己的优势获取机密信息），缔约机关可以排除此类投标人。

（九） 建立缔约机关的"奖励标准"

缔约机关可以选择在招投标和评标时使用奖励标准。这些标准必须考虑投标人的"合法性"评级（表示其对守法行为的倾向），工程、商品或服务的低环境影响以及对员工健康和安全的低影响。当然还必须使用这些标准来支持中小企业（SME）发展，以保证年轻专业人员和新兴企业的参与。

（十） 合同拆分

为了便于中小型企业获得公共采购合同，缔约机关应将合同分成若干部分（即合同份额），以降低合同规模，使其与中小企业供应商的实际生产能力相一致。如果缔约机关确定将合同分为多个批次是不合适的，则公开招标和邀请招标公告中应包含缔约当局做出该决定的主要原因的说明。此外，新法令还明确地防止缔约机关以人为和误导的方式来抬高地皮价值。

（十一） 更新了争议解决机制

为了简化与公开招标有关的诉讼，新法令提供了某些解决争端的替代方法。此外，还介绍了TAR后的闭门会议中的特别听证会（tribunale amministrativo regionale，即意大利司法系统中的一级行政法院）。根据此类行政诉讼的规定，任何违反有关排除理由的法律规定的行为都被视为直接侵害行为，因此在公布被排除的投标人的名单后

30 天内，允许受害方将该事项提交给 TAR。一旦 30 天期限届满，对此类违约行为的补救措施将不再有效力。

三、法国

（一）电子化采购

由于欧盟给出成员国明确的时间表，要求成员国在指令引入国家法律层面截止期后的两年内，全面实现采购电子化。因此法国也开始在公共采购中部署电子化采购的实施，规定在 2017 年 1 月 1 日起开始国家有责任要求地方政府和所有公立学校有义务接受电子发票。①

对于不同类型的企业，要求其使用的电子发票时间表如下：

2006 年 1 月 1 日至 2017 年：要求大公司（超过 5000 名雇员）和公共职位；

2006 年 1 月 1 日至 2018 年：义务中等规模企业（250 ~ 5000 名雇员）；

2006 年 1 月 1 日至 2019 年：缔约国有义务对中小型企业（10 ~ 250 名以上雇员）；

2020 年 1 月 1 日起：要求极小型企业（0 ~ 9 名雇员）。

使用电子发票可以减少费用（印刷和回执）、减少碳足迹，减少处理时间，保证文件提交、交流的畅通。

（二）对中小企业的扶持

由于欧盟公共指令中强调将合同划分成大部分用以支持小企业与创新公司参与竞争。法国也采取措施支持中小企业发展。

自 2015 年 10 月 1 日开始，法国政府新一轮提高政府采购小额订单限额标准的法案将正式生效。适用于简化政府采购手续的小额政府

---

① http：//www. economie. gouv. fr/vous-orienter/entreprise/numerique/marches-publics-facture-electronique-obligatoire-des – 2017。

采购订单"门槛"将从 2013 年的 15000 欧元大幅提升至 25000 欧元。所有政府采购机构金额低于 25000 欧元的小额政府采购订单,免去招标公告和中标公示等环节,此举可以明显提高政府部门的行政效率,降低企业参与成本,特别是能够促进更多的中小型企业参与到公共采购中来。

据了解,金额在 25000 欧元以下的政府采购订单也并非完全不受"限制"。法国政府采购机构在进行小额采购订单时,仍要遵循三项基本原则:一是合理原则,要选择最符合政府采购需求的供应人;二是比较原则,要参照近期相关项目招标情况,比较参照商品服务的内容和报价;三是多样原则,如有多家供应商或承包商参与投标,避免连续与单独一家签订采购合同。[①]

(三) 至少2%的订单必须来源于创新型企业

法国政府在为促进经济增长、提高竞争力和扩大就业而推出的 32 条措施中明确规定,政府部门及机构在进行公共采购时,至少 2% 的订单必须来源于创新型企业。

(四) 创新的合作伙伴关系

法国在公共采购中引入创新伙伴关系。并规定,"创新伙伴关系的目的是研究和发展货物、服务或工程,现有的市场无法满足购置货物、服务或工程的需要"。因此,为证明使用创新的伙伴关系,买方必须证实,一项研究确切和详尽的需要,不能解决现有的市场。

创新伙伴关系的采购过程是为确保以灵活方式有序的适应研究与开发活动的特殊性。因为可有益于伙伴之间取长补短,买方如果愿意的话,可以公开和文件中指出的创新伙伴关系公司磋商。创新的伙伴关系则包括若干合同单独执行。联利特派团起始点是,程序可用与竞争性程序谈判或在竞争性谈判程序,但需事先调整条款强加的伙伴关系的创新。首先,对采购进行公布是强制性的。文件应包括哪些要素

---

① http://www.cgpnews.cn/articles/29849。

构成需要定义，要求的最低限度应遵守所有投标。最低期限接收提名的设想不能少于 30 天。

（五）谈判竞争性程序

法国新增了新的公共采购使用经过谈判竞争程序。订约当局应当有更大的灵活性为选择采购程序规定谈判。订约当局应通过法令所确定的条件，且合同金额等于或高于欧洲公共"门槛"时，方才可诉诸竞争性的谈判程序。这些条件包括：现有的货物、工程或服务不能满足需要；创新性的采购；涉及公共利益；采购对象复杂；技术标准难确定等。

第二节　日本政府采购改革

一、日本近年来政府采购改革概述

近年来，日本公共采购制度的完善主要集中在反腐败、效率化、透明度几大采购核心原则和电子化采购方面，同时对规则的制定也更为精细化。在反腐败上，日本在 2016 年 10 月由公正交易委员会事务总局新通过了《防止串标商议——反垄断法与串通招标投标等相关行为防止法》[①]，对 2007 年的版本予以详细的扩充，成为一部真正意义上的立法，将招投标与反垄断相结合。在效率化上，一方面政府本身行政效率得到了提高。在 2013 年《世界最先端 IT 国家创造宣言》[②] 公布的背景下，为了更好地实现公共服务，日本于 2014 年 12

---

① 原文：《入札談合の防止に向けて～独占禁止法と入札談合等関与行為防止法～》，公正取引委員会，参见 http：//www. jftc. go. jp/dk/kansei/。
② 原文：《世界最先端 IT 国家创造宣言》，总务省，参见 http：//www. soumu. go. jp/main_ sosiki/gyoukan/kanri/infosystem-guide. html。

月通过了《关于政府信息系统的完善和管理的标准方针》[①]，并于2015 年 3 月更新，旨在加强 IT 管理、整合既存方针、全面投资管理。其中，在第三编第六章中就涉及了对政府采购的规定，引入工程审查等新结构，加强了对透明度的提升；另一方面，完善了评标和投诉机制，减少了采购流程出错的可能。早在 2013 年 6 月，由采购相关省厅通过了《信息系统的采购和综合评价得标方式的标准指南》[②]，适用于采购机构利用综合评价法对信息系统采购时的处理。日本作为GPA 成员国，配合新 GPA 质疑投诉处理机制，日本在质疑投诉的处理上属于单机构单渠道的管理，更加重视合同管理。在电子化上，2014 年 3 月通过了《电子采购系统使用章程》[③]，将电子化采购置于法律框架下，明确了具体的操作流程和采购人要求。

二、日本政府采购改革重点

(一) 实现反垄断法和串通投标法律层面的融合

串标商议是最恶劣的违反反垄断法的一个行为，以前对串通投标，公正交易委员会按照反垄断法进行防范与应对。但是，有些企业以自己的利益为目的，为了市场垄断和卡特尔投标等目的，限制市场竞争的也不在少数。由图 5 - 1 我们可以看到，经过多年来对于反腐败、反垄断的打击，此类案件数以及罚款金额在近五年都呈现递减趋势，这表明市场竞争不断向竞争性方向发展。2016 年 10 月，由公正交易委员会通过了新法《防止串标商议——反垄断法与串通招标投标等相关行为防止法》，将串通招标投标单独立法，实现了与反垄断法的融合，又给出了具体的处理流程的处罚等规定。

---

① 原文：《政府情報システムの整備及び管理に関する標準ガイドライン》，总务省，参见 http://www.soumu.go.jp/main_sosiki/gyoukan/kanri/infosystem-guide.html。

② 原文：《情報システムの調達に係る総合評価落札方式の標準ガイドライン》，参见 http://www.e-gov.go.jp/doc/improve/。

③ 原文：《電子調達システム利用規約》，内阁府，参见 http://www.cao.go.jp/chotatsu/seifuchotatsu/seifuchotatsusys.html。

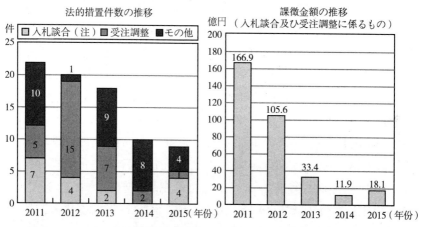

图 5-1 2011~2015 年串通招投标件数（左）和罚款金额（右）趋势

　　串通招标投标，最典型的是，国家和地方公共团体等对公共工程和物品等进行公开招标时，招标者与投标者之间或者投标者与投标者之间采用不正当手段，对招标投标事项进行串通，以排挤竞争对手或者损害招标者利益。招标者预先决定的中标企业和接受订货金额的情况下，限制商品或劳务交易的竞争，就是违反了招投标制度的实质，因此违反禁止竞争限制行为的同时也违反了反垄断法，两者存在法律层面的共通性。《防止串标商议——反垄断法与串通招标投标等相关行为防止法》先对此合理性做出说明。

　　再者，两者的适用性。对于企业违反反垄断法，公正交易委员会除了对其征收罚款外，对于行为恶劣的还将进行刑事告发。根据新法案，串通招标投标适用于反垄断法的第 2 条，第 3 条，第 8 条：

　　第 2 条第 6 款——在本法律中，"不正当交易限制"指企业无论在合同上或其他方面，和其他的企业共同决定报酬，维持或提高数量、技术、产品、设备等交易对象，相互制约其活动，或者通过公共利益，实质上限制了一定交易领域的竞争。

　　第 3 条——企业不可私人垄断或非法交易。

　　第 8 条——企业团体，不可以有下列任何一种行为：一定交易领域的实质性竞争限制，其余略。

此外，对于串通招标投标规定了具体的处理流程，如图 5 - 2 所示。

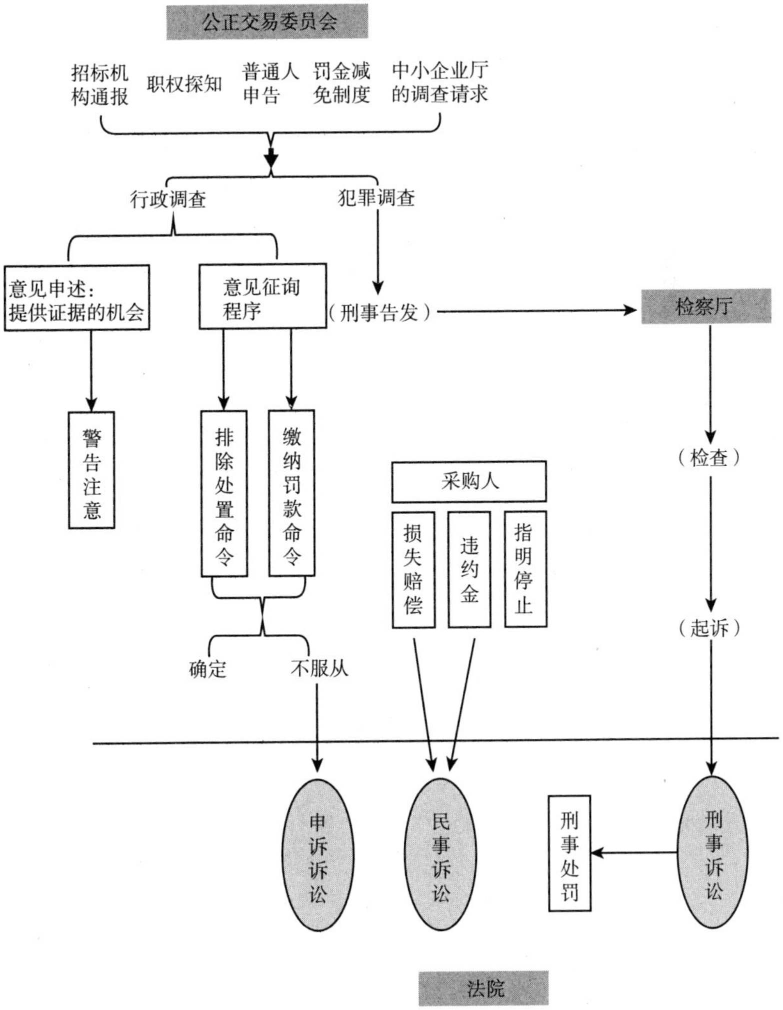

图 5 -2　串通招标投标事件的处理流程

第一，公正交易委员会需要进行事件线索的掌握，这是审查是否串通招标投标的开始。事件的线索即"违反线索"，即从何处获得信息，包括：①普通的人的报告（"申报"，第 45 条第 1 款）；②职权探知（公平交易委员会自己发现违反情况，第 45 条第 4 款）；③利用罚款减免制度的违反行为的报告以及提交资料（第 7 条第 10～14 项）；④从招标机构通报（促进公共工程的投标及合同的适当化相关法律第 10 条）；⑤中小企业厅长官的调查请求（《中小企业厅设置法》第 4 条第 7 项）。

第二，开始进行案件的审查：包括两种方式，行政审查和犯罪审查。行政调查（第 45 条第 2 款，第 47 条，第 48 条）是指进入涉嫌违反行为的企业办公室等其他必要地方进行账簿、交易记录等相关资料的调查收集。另外，根据需要，可以向有关人士调查并收集违法行为相关的证据。犯罪调查（第 101～116 条）是指由法官发出许可令，对违规对象进行调查时，可以搜查并扣押相关必要物件，调查结果认为得当的话则由公正交易委员会刑事告发。

第三，行政调查后给予企业提交证据的机会，能够证明的话做出警告处理。否则进入意见征询程序，会给出排除或罚款命令，企业不接受罚款的话进入申诉诉讼。刑事调查后由检查厅起诉进入刑事诉讼，处以刑事处罚。另外，如果涉及采购人利益受损的行为，采购人要求损失赔偿或违约金的话，则进入民事诉讼。最终由法院给出最后裁决。最后，对于各类处罚予以具体规定：

1. 罚款（第 7 条第 2 款，第 8 条第 3 款）

串通招标投标，按照一定的计算方式计算缴纳罚款。对于不同规模和不同行业的企业计算率不同，如表 5－1 所示。罚款金额按商品和服务的销售额乘相应的计算率计算。另外罚款不能在税务上做抵扣认定。

表 5－1　　　　　　　不同规模和不同行业的企业计算率

业种	大企业		中小企业	
制造业、建筑业等	10%	再次违反 15%	4%	再次违反 6%
		主导作用 15%		主导作用 6%
		再次违反＋主导作用 20%		再次违反＋主导作用 8%
		早期脱离 8%		早期脱离 3.2%

续表

业种		大企业	中小企业	
零售业	3%	再次违反 4.5%	1.2%	再次违反 1.8%
		主导作用 4.5%		主导作用 1.8%
		再次违反 + 主导作用 6%		再次违反 + 主导作用 2.4%
		早期脱离 2.4%		早期脱离 1%
批发业	2%	再次违反 3%	1%	再次违反 1.5%
		主导作用 3%		主导作用 1.5%
		再次违反 + 主导作用 4%		再次违反 + 主导作用 2%
		早期脱离 1.6%		早期脱离 0.8%

注："再次违反"，公正交易委员会的调查开始日起追溯 10 年内缴纳过罚款；"主导作用"，是在串通招标投标事件中发挥主导作用的情形；"早期脱离"，实施违反行为未满两年，公正交易委员会的调查开始日 1 个月前停止违法行为的。表中计算率计算的课征金在 100 万日元以下的时候，课征金的缴纳是强制的。

2. 罚款减免制度（第 7 条第 2 款，第 8 条第 3 款）

公平交易委员会表示，自己报告违法行为事实及提交资料等，满足一定的条件，予以罚款减免。

3. 刑事处罚（第 89 条，第 95 ~ 95 条）

进行串通卡特尔投标，反垄断法作为犯罪行为刑事惩罚根据。卡特尔串通投标的实际负责人处以 5 年以下的有期徒刑或者 500 万日元以下的罚金。

另外按照两罚规定（第 95 条），对于企业之外实际参与串通招标投标的企业团体处以 5 亿元以下罚款。

除此之外，法人代表、企业团体的干部明知串通招标投标违反反垄断法，没有采取必要措施，对相关代表和干部处以 500 万日元以下的罚金（第 95 条第 2 ~ 3 款）。

（二）重点项目引入三阶段工程评审新结构强化监督

2013 年 6 月（平成 25 年 6 月），《世界最尖端的 IT 国家创造宣言》经会议决定通过，在"实现目标社会面貌应做努力"一章的第三点指出，要实现任何人随时随地能享受到一站式公共服务，这就对整体的政府行政效率做出极高的要求。2014 年 12 月，日本响应此号召，由各府省信息化主管负责人（CIO）联络会议决定，通过了《关于政府信息系统的完善和管理的标准方针》，并于 2015 年 3 月予以更新，2015 年 4 月开始施行。方针的目的是为了建立一个完善的"政府情报系统"，提高行政服务的便利性、效率性和透明性，构筑和管理电子政府。也正是有这个政府情报系统的高效审查，同时完善了政府采购。方针共分为三编二十四章，五个附件。其中，第三编第二章项目管理、第五章要件定义、第六章采购均涉及采购有关规定。

原先的系统局限于某些限定领域，会出现部分项目的延迟、中止，分离采购项目复杂，以及很难掌控项目资金实际使用情况的问题。而新的政府情报系统则基本适用所有领域，对于工程项目评审导入共通管理手法，即可以在计划与设计阶段的上下流分离，也可以实现开发和运用阶段的硬件分离。同时，数据库导入信息方便，可是实现投资项目资金的有效管理。对于整个采购过程，从采购计划、采购式样书、第一次评审（重点项目需要）或意见邀请（预定价格在 80 万 SDR 以上需要）、招标公告、审查、开标、签约到验收，每进行一个环节都需要登录政府信息系统管理数据库（ODB）进行自我检查。其中，对于府省重点项目，引入不同时点的三阶段评审制度。在自我检查以外，还有内阁官方的监督检查，这种在 IT 综合战略总部下新的评价体制，强化了大规模和高风险项目的监控功能。第一次评审发生在采购式样书完成后，招标公告公布前，即完成了要件定义，此次评审要确保采购式样书内容具备充分的竞争性，能提供给投标人充分的信息。第二次评审发生在要件确认或调整之后，设计过程之前，要保证中标人的资格合格，具备提供工程及服务的能力，以及与中标人的洽谈得到认可，要件定义书修改的内容在可接受范围内。第三次评审发生在项目交付前，要确保只要按照必要条件正常操作，确认业务可以顺利进行。经过三次评审过程，才可以实现交付，如图 5－3 所示。如此一来，大大改善了重点项目的质量问题，强化了对采购的监督。

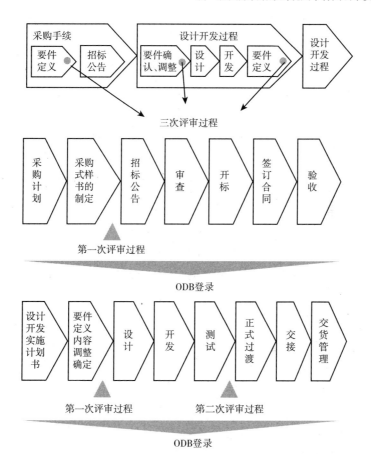

图5-3　府省重点项目的三次工程评审

（三）以物有所值为导向的综合评标法的运用

为了提高采购的效率，实现物有所值，对于评标决策予以改进，2013年6月，日本由采购相关省厅通过了《信息系统的采购和综合评价得标方式的标准指南》，该指南严格规定了综合评价方式的适用范围，量化了技术点与价格点的分配比例，从而对于此种评标操作更为规范。具体来说：

1. 适用的采购对象

综合评标法适用于信息系统、软件开发、计算机服务、电气通信服务和医疗技术服务。

2. 适用的采购范围

对于信息系统、软件开发、计算机服务方面的，适用于最高性能
1.5TFLOPS（每秒所执行的浮点运算次数的英文缩写）以上或80万
SDR以上的采购；对于电气通信服务和医疗技术服务方面的，按其
不同种类适用于38.5万SDR或10万SDR以上的采购。

3. 中标方式

投标者以价格、性能、功能、技术等进行申请，在符合下列各条
件的人中，以用综合评价方法表示而得到的数值最高的人作为中
标者：

a. 投标价格在预定价格限制的范围内；

b. 招标公告中要求的项目的性能，功能，技术等（以下简称
"性能等"）的最低限度要求全部满足。

4. 综合评标法应用

以重视事业者的技术能力来评价，综合评标法采用价格点和技术
点按1∶3的比例分配。综合价格及性能等方面的评价，以投标者的
价格得分和技术得分合计数作为综合得分进行最后排名。

由此可以看到，评标不仅仅只是最低价中标的单一方式，而是考
虑了技术、能力等多方面因素，排除了一部分自身能力不强而一味以
非正当低价投标的供应商，一方面提高了供应商的"门槛"；另一方
面，使得采购结果更为满意。虽然应用领域还不广泛，但有不断延伸
的趋势。

（四）进一步规范电子化采购

日本于2014年3月3日起正式施行《电子采购系统利用章
程》，这是首部明确的以章程形式规定的电子化采购文件，内容包
含十五条，涉及十五个不同方面分别为：目的、定义、系统用户责
任、投标手续、著作权和知识产权、可用时间、禁止事项、可使用
文字、动作环境条件、免责事项、隐私管理、规章修正、协商。具
体如下：

（1）目的。使系统用户利用电子化程序决定采购必要事项。

（2）定义。章程给出了"电子采购系统""系统使用者""采购案件号""合同号""履行号码""电子契约书"六个必要的定义。

"电子采购系统"是指经由互联网进行投标合同受理手续的信息系统。

"系统使用者"，利用本系统进行投标等手续的人。

"采购案件号"，该国的机构将在本系统进行投标等案件登记时，本系统将对案件给予的编号。

"合同号"，利用本系统进行电子合同的时候，本系统对各合同表示的号码。

"履行号码"，利用本系统进行订货及交货检查时，本系统给予检查单位的交货的号码。

"电子契约书"，使用本系统签订了合同、回执、请求书等的电磁记录，本系统有被保管。

（3）系统用户的责任。系统使用者根据自己的责任和判断使用本系统，保管利用本系统进行投标的以下相关信息，管理招标手续的国家行政机关对此不负责任：a. 采购案件号码；b. 合同号；c. 履行号码；d. 系统使用者获得的其他电子信息。

系统使用者，利用本系统准备必要的所有机器（软件和通信手段的东西）和必要的通信费用及更新的费用全部由系统使用者负担。

系统使用者，用本系统进行适当投标、签订合同等手续时，应当确认结果时，及时推进相关手续。

（4）实行投标合同等手续的系统使用者，根据本系统进行的公司内部的委托手续，通过本系统的委托也能实现，根据本系统进行的委托行为，具有实际权限。

在本系统中，对第三者的委托是无法进行的。

（5）保护系统用户的著作权以及知识产权。只得做本规章内使用，不得编辑、复制、改编等其他散播，不进行逆向工程；不管是否以盈利为目的进行第三方贷款、转让或抵押；不得删除及变更本系统显示的版权或商标标签。

（6）本系统的使用时间，原则上为 365 天且 24 小时开放。除非以下场合并事前在门户网站上登载（紧急情况除外）：a. 系统机器预定检查保养的情况；b. 天灾事变等情况产生了重大障碍的情况；c. 总务省认为有必要暂停或中断的场合。

（7）系统使用者的限制行为：a. 投标或合同以外的目的；b. 对本系统进行非法访问；c. 故意干扰本系统管理及运营；d. 对系统故意发送被病毒感染的文件；e. 发布虚假的投标、合同等；f. 法令规定的违反公共秩序的行为或者其可能的行为；g. 其他会使本系统的运用有障碍的行为。

（8）规定了可以使用的文字。

（9）系统使用者使用本系统时的动作环境条件，取决于门户网站加载条件。

（10）系统使用者根据本系统制定了电子合同书，该电子合同书的正本由本系统保管，在该合同书有效期限内，可以在本系统上进行阅览，并进行签名的验证。

（11）总务省及本系统所涉及的管理投标、合同等的国家机构，由于使用者过失或由于本系统服务的迟延，中断和停止或者其他第三者而遭受的损害不承担责任。

（12）本系统所办理的个人信息，根据电子采购系统的隐私政策进行管理。

（13）总务省认为有必要的时候对使用人事前通知可以修改本规约。总务省对本规约修改的情况在门户网站上刊登，并发表。本规约公布后，系统使用者需使用修正后的规约。

（14）本利用规约，适用日本法。总务省和系统使用者之间的所有诉讼，东京地方法院作为第一审的专属协议管辖法院。

（15）本利用章程不规定事项及其他利用规约条款，总务省和系统使用者可在协商基础上圆满解决。

第三节 加拿大政府采购改革

一、加拿大近年来政府采购改革概述

加拿大作为传统西方发达国家之一，国内信息科技发展较为成熟，政府采购机构设置相对统一，采购注重电子采购、绿色采购。加拿大政府采购工作制度化始于 20 世纪 60 年代，联邦政府成立政府供应服务部，负责进行集中的采购活动，随后在 90 年代合并公共工程部、政府供应服务部、政府通信局和翻译局四个部门建立公共工程和政府服务部（Public Works and Government Services Canada）。PWGSC 是加拿大最大的公共买方，每年购买约 150 亿美元的商品和服务，如办公用品、轮胎、专业服务、专业建设和国防装备；同时为加拿大政府部门提供采购支持服务，每年管理着超过 470000 份的合同①。

加拿大涉及政府采购的国内法规，主要有《公共工程和政府服务部法》（Department of Public Works and Government Services Act）、《财政管理法》（Financial Administration Act）、《采购申诉专员条例》（Procurement Ombudsman Regulations）等，国际协定方面包括 WTO 政府采购协定、北美自由贸易协定等。加拿大政府采购电子化程度很高，1997 年即采用 MERX 电子招投标系统②，该系统采用英语和法语发布采购信息，覆盖了大部分加拿大联邦、各省的公共部门，供应商可以免费查看各类信息，支付会员费后可享受更多服务。

由于加拿大作为联邦制国家，地方政府采购具有自主性，而联邦政府采购又多依托于电子化采购系统，导致加拿大政府采购管理较为松散，其国内法在近些年来没有做出较大的修改。故选取加拿大近年来的五个案例，来展示加拿大政府采购对新一轮国际政府采购规则修

---

① http：//news. gc. ca/web/article-en. do？nid = 1050669。

② http：//www. merx. com/。

订的回应和改革趋同。

二、加拿大政府采购改革重点

（一）政府采购更注重经济政策功能

虽然加拿大政府采购管理较为松散，但政府采购的政策功能依然日益凸显，选取了以下三个案例：案例一中加拿大通过签订采购合同增强警卫队现代化能力，同时这一合约是国家造船战略的一部分；案例二中加拿大政府签约卡尔加里地区四项本土创新项目，以促进地区创新和可持续发展；案例三中 PWGSC 部长强调政府致力于与业界合作，以确保其购买国防设备，鼓励研究和开发、创新、创造就业机会和经济增长。三个案例涵盖了政府采购对于实现国家战略、地区发展、创造就业、经济增长等方面的作用。

案例一：价值 500 万美元的合同授予建设两个新的海峡搜索和测深船只，作为国家造船战略小通道建设项目的一部分①

2016 年 12 月 8 日——渥太华

加拿大政府致力于为加拿大海岸警卫队的男女警官提供及时、有效地进行重要工作所需的现代化设备。

Kate Young，伦敦西部的议会成员，代表尊敬的 Judy M. Foote（公共服务和采购部长）今天宣布，作为全国造船战略小通道建设计划的一部分，五百万美元合同已经授予来自圣托马斯的 Kanter Marine，建立双通道测量和探测船（CSSVS）。

这两个新船将取代在圣劳伦斯海道中部和北极地区的 CSSVS，它们已经运行了 37.5 年，接近它们的平均寿命终点。

新 CSSVS 将向私人和商业船只提供信息，关于海峡底部的条件和水的深度预测。这些船只也将服务于渔业和海洋部以及其他部门和机构，监测和观察海洋和环境条件。

---

① http：//news. gc. ca/web/article-en. do？ nid = 1167269。

案例二：加拿大政府通过购买和测试他们的尖端产品，给予卡尔加里地区创业者支持①

2016 年 10 月 28 日——卡尔加里，阿尔伯塔

加拿大政府致力于发展经济和中产阶级，并帮助那些努力工作的人加入其中。通过建设加拿大创新项目（BCIP）②，加拿大政府正投资于加拿大的创新创造，追求加拿大各地区的包容和可持续的经济增长。

尊敬的 Judy M. Foote（公共服务和采购部长）今天宣布，加拿大政府将投资四个加拿大本土创新项目。

Rally Engine 公司获得了 224774 美元的合同，针对其以应用程序为基础的通信平台，它允许组织有效地定位、报警和实时通知广泛的人员。此应用程序可用于第一反应者和其他官员在危机情况下与公众沟通。这种创新的测试正在阿尔伯塔的海里弗镇进行，代表公共服务和采购部。

New Energy 公司收到了其 EnviroGen 流体动力涡轮机的 494033 美元的合同。该创新是从溪流发电而仅有少量环境影响。这种绿色发电系统可以增加偏远地区自力更生的能力，并通过使用清洁、可再生资源减少化石燃料的使用。这种创新的测试是由 Sagkeeng First Nation 公司在亚力山大堡，马尼托巴进行，代表本土和北加拿大。

Userful 公司获得了其显示管理系统的 394622 美元合同。他们的创新，SideSeat 软件，允许用户使用 Web 浏览器从单个标准计算机控制和管理触摸屏。该创新是廉价的，并且能够从一个中央操作系统管理大量的屏幕。这项创新的测试由金士顿芳堤娜公共图书馆执行，代表加拿大创新、科学和经济发展部门。

Golden Environmental Mat Services 公司获得了其 SmartMat GPS 管理系统的 482054 美元的合同。SmartMat 允许用户准确地跟踪他们的

---

① http：//news. gc. ca/web/article-en. do？nid = 1144519。

② BCIP 简介：https：//buyandsell. gc. ca/initiatives-and-programs/build-in-canada-innovation-program-bcip/overview-of-bcip。

建筑地垫的位置，及其在整个建筑项目中的表现。结构垫用作结构性道路，以提供在不稳定地面上的通行。这项创新的测试由加拿大公园协会在沃特顿湖国家公园进行。

这些投资是通过 BCIP 进行的，这有助于加拿大创新者首次出售并获得加拿大政府的创新测试。这个计划只是加拿大政府支持创新和中小型企业的许多方式之一。加拿大创新者可以在 BCIP 网站上提交方案。

案例三：利用国防采购在加拿大创造就业和经济增长①

2014 年 8 月 7 日——阿博茨福德

公共工程及政府服务部部长 Diane Finley，今日在加拿大太平洋航空工业协会举办的 2014 届航空航天防务及安全博览会上发表主题演讲。芬利部长的讲话主要集中在政府与工业界密切合作，在实施国防采购战略方面取得的进展。她还重申了政府致力于与业界合作，以确保其购买国防设备，鼓励研究和开发、创新、创造就业机会和经济增长。

（二）新型电子采购环保高效

加拿大在电子化采购方面始终走在前列，其 MERX 采购系统自 1997 年开始使用近 20 年，加政府致力于建设更现代化的采购服务系统，实现在线商业模式，简化政府的管理成本，为供应商提供更多的便利。除此之外，绿色采购也是加政府十分关注的目标，新型采购系统可以减少纸张使用，促进无纸化办公。

案例四：加拿大政府寻求创新服务现代化采购②

2016 年 4 月 12 日——加蒂诺

加拿大公共服务和采购局今天发布了一项建议书请求，关于为联邦政府部门提供基于网络的采购服务，作为政府采购现代化的一部分。

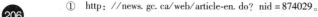

① http：//news. gc. ca/web/article-en. do？nid = 874029。
② http：//news. gc. ca/web/article-en. do？nid = 1050669。

这种新的现代服务将取代目前使用了 20 年的技术。从基本上纸质的服务转变为在线商业模式，将有助于促进加拿大绿色政府的实施。新的采购服务还将加快和简化政府的业务，并将使供应商更容易找到机会。该服务将允许用户对电子目录中预先合格的商品和服务的供应商进行搜索。它还将允许政府以电子方式审查投标。

新的加拿大政府电子采购服务将在两年内实施。合同预计将在 2016 年秋季颁发。[1]

（三）加强供应商诚信制度

加拿大政府采购的投诉处理机制较为完善，设有采购申诉专员处理纠纷，可以认为采购人和供应商之间出现的问题能够妥善处理。而供应商身份的审核则较为宽松，尤其是其电子化网站面向所有社会成员开放，此时对供应商的诚信要求较高，故加政府实施新的诚信制度，以敦促供应商纠正其不当行为。

案例五：加拿大政府宣布改善联邦采购诚信[2]

2015 年 7 月 3 日——加蒂诺，魁北克

加拿大政府正在为其 2015 年经济计划采取行动，以确保它与有道德的加拿大和国外的供应商做生意。今天，加拿大公共工程和政府服务部（PWGSC）宣布实施新的政府采购和房地产交易的诚信制度。

新制度是高效、健全的，并使公司对他们的行动负责。它还将鼓励公司在出现问题时与法律机构合作，并迅速采取行动纠正措施。这个制度将适用于所有政府部门和机构。新的诚信制度更好地符合国际最佳做法，包括确保公平和正当程序的新规定。它还将允许公司采取补救行动以处理不当行为，以便与加拿大政府开展业务。

诚信制度还提供新的工具，例如独立的第三方专家评估和行政协议，指明需要采取的纠正行动并确保其有效性。

---

① e-Procurement Solution（EPS）简介：https：//buyandsell. gc. ca/procurement-data/tender-notice/PW-XN - 111 - 30112。

② http：//news. gc. ca/web/article-en. do？nid = 995629。

第四节 美国政府采购改革

一、美国近年来政府采购改革概述

美国是世界上最早实行政府采购制度的国家之一，因此，其政府采购制度相对成熟。美国虽然没有专门的政府采购法，但与政府采购相关的法律约有 500 部，最主要的有《武装部队采购法案》《联邦财产及管理法案》《联邦政府采购政策办公室法案》《小额采购业务法案》《联邦采购合理化法案》《合同竞争法案》《合同纠纷法案》《小企业法案》《购买美国产品法》等。为了便于执行和操作，联邦政府将散见于众多法律之中的有关政府采购的规定加以综合和细化，形成了《联邦采购条例》（Federal Acquisition Regulation，FAR）各州还根据自己的实际情况，颁布相应的采购法规，对采购目标、采购程序、财政预算、中央政府采购与地方政府采购的关系、采购监督和评估、合同纠纷的仲裁和赔偿等都做了明确规定。政府采购制度完全是建立在法制的基础上，从而使政府采购活动有法可依①。

二、美国政府采购改革重点

近几年美国的政府采购变化主要体现在：

（一）云服务、3D 打印成为政府采购的重要对象

2014 年，美国国家标准与技术研究所颁布了《美国政府云计算技术路线图》（US Government Cloud Computing Technology Roadmap），该路线图聚焦战略和战术目标。相关数据显示，2014 年美国联邦政府云计算采购额约 15.9 亿美元，未来几年的平均增长率将超过

---

① 方虹. 政府采购制度在美国 ［J］. 交通企业管理，2001（11）：19.

50%。美国大力发展云计算有其独特背景。首先，欧盟及部分发展中国家经济高速增长，使美国在全球政治、经济、军事领域的地位受到威胁；其次，持续至今的经济危机给美国造成高额财政赤字，而传统信息化建设投入又居高不下收效甚微。

美国政府视云计算为一场新的信息技术革命，期望将其在各个行业推广应用，并在相关领域创造新的就业机会，使美国掌握全球信息主导权，维护国家安全，最终实现本国经济快速发展。为了实现发展云计算的计划，美国政府制订了一系列具体措施。美国政府还出台举措优先采购云服务。目前已经有300多家政府机构和1500多家教育机构使用了公共云服务，包括美国国防部、美国农业部、美国安全局、美国国家航空航天局、美国空军、芝加哥住房署等政府部门，都已经成功部署了云计算应用。

2015年以来，3D打印成为美国政府采购的又一重要对象，美国总务管理局（U. S. General Services Administration，GSA），是美国联邦政府的采购部门，负责与各类商业企业订立各种长期的政府采购合同，以总额折扣定价的方式为政府采购数以百万计的商品和服务。该机构每年拥有的经费高达500亿美元，随着3D打印持续火热，美国总务管理局开始考虑3D打印相关设备和服务的采购。

2015年9月，GSA的获取合同服务专员Walter Johnson表示，该机构会通过制定一套全面的解决方案来为所有需要3D打印技术的政府机构提供一系列多样的相关标准化服务和设备，包括3D打印技术、耗材、辅助设备、成像设备、软件，以及快速原型制造的服务等。3DS公司合作机构Phillips Federal的董事长Ron Schulze表示："从美国国会大厦的建筑师到美国国家卫生研究院，从美国国家航空航天局到军队，我们的所有客户都会得到优质的服务。与此同时，新的GSA名单还会提供许多目前最为前沿的3D设计和制造工具。能够为美国广大的公务员提供3DS的产品，我们感到非常荣幸。"

为了方便政府客户轻松使用3DS公司提供的云基础制造服务，GSA还专门设置了一个名为Quickparts的用于3D打印和制造的入口。通过该入口，任何政府客户都可以上传CAD文件，同时还能够获得从快速原型到熔模铸造等一系列服务的即时报价。目前，GSA 已经通过 Phillips Federal 与 3DS 公司签订了一份为期 20 年的合约来为政府机构提供 3DS 公司所有的产品和服务。其中值得注意的有采用 SLS、SLA、DMP 等技术的 ProX 系列工业级 3D 打印机；采用多重喷射和彩色喷射技术的 ProJet 系列打印机；Cube 和 Cube Pro 系列桌面级打印机；Geomagic 扫描仪和软件；以及最新的 GSA QuickParts 入口[①]。

（二）对政府采购中的信息安全问题进行规制

2015 年 11 月，美国联邦能源监管委员会发出了关于制定"以保护大部分电力系统免受安全漏洞袭扰和恶意软件攻击的供应链安全管控标准"的通知，针对世界各国的政策制定者们越来越担心的信息与通信技术（ICT）的供应链安全问题，提出相应的改进措施。

此外，美国国防部、国土安全部、国家标准与技术研究所、行政管理和预算局、美国总务管理局也开展了应对供应链网络安全相关法案的起草工作，旨在帮助私营部门免受由于信息共享给其造成的网络攻击，这些信息共享包括供应商的信息以及其他有关供应链与产品的信息。黑客往往利用这种网络共享，把病毒与恶意程序植入其中，继而达到了解 ICT 采购方面的信息，以及使其恶意程序附加在 ICT 产品上的目的。对于美国国内一些供应商来说，它们在公平竞争的市场环境下能够为公共部门提供 ICT 产品与服务，但有些供应商则采用不正当的竞争手段，使自己不可告人的目的通过网络得逞。有鉴于此，美国政府开始计划针对信息共享所出现的漏洞，为私营部门定制一套适合其发展的法律法规。

（三）利用政府采购促进可持续发展

2009 年美国颁布第 13514 号令，正式将环保目标写入联邦采购制度，即联邦政府在政府采购中应对在生产过程中减少温室气体排放

---

① http://guoji.caigou2003.com/guowaizuofa/489332.html。

的供应商给予优先采购的待遇。奥巴马总统在 2009 年 10 月 5 日签署了第 13514 号行政令，标志着美国联邦政府在可持续发展探索中的一个新阶段。该行政令旨在推动联邦机构在各项政府活动中贯彻可持续发展精神、引入可持续发展战略、引入"全生命周期"的概念。作为力推可持续发展的政策切入点，温室气体减排比节水节能、废料减排等有较突出的体现，成为该行政令的主要目标。该行政令要求联邦各机构必须制订 2020 年的温室气体减排计划，并定期提交履行情况，履行情况将纳入政府机构的绩效考核。第 13514 号行政令第 13 条创设了一个跨部门工作组，GSA 会同国防部（DOD）、环境保护总署（EPA）等相关部门派出人员组成。该工作组的职能是对联邦机构的政府采购项目进行评估，并将评估结果汇报至环境质量委员会（CEQ）和联邦采购政策办公室（OFPP）。评估的内容是：对供应商温室气体减排的监测措施是否具有可行性。采购项目一旦通过评估，在合同授予的决策中就建议将温室气体减排情况纳入评价因素中。除了规定对采购项目进行评估的要求，第 13 条还鼓励供应商和采购人共同为该计划的推进努力：鼓励供应商自愿提交温室气体排放数据报告或者证明其减排努力的材料清单；鼓励联邦机构通过优先采购等措施，尽可能地优惠那些在温室气体减排方面表现优秀的供应商/产品。

根据第 13693 号总统令，在未来十年其将实施联邦政府可持续发展规划，每年可节省约 10 亿美元的能源支出。2015 年 5 月 2 日，美国环境保护署、林务局、能源部和总务管理局发表联合声明，表示将进行有史以来首次购买太阳能电力的合作。初期，该项目会在加利福尼亚州和内华达州的多个联邦办公地点产生 5000 千瓦的太阳能电力。联邦太阳能联合采购计划是一项招标合同。该计划中的各机构将使用相同的招标合同，并雇用相同的招标商，同时由协力厂商融资来支付前期费用。此项目包括 9 个联邦办公地点，分别位于圣约瑟、门洛派克、萨克拉门托、三藩市、圣布鲁诺、圣罗萨、卡森城、里诺，以及美国林务局设在马雷岛地区的办事处。联邦政府是美国最大的能源用户。

2011 年，奥巴马政府购买了 101 辆雪佛兰混合动力汽车及 15 辆电动汽车。奥巴马要求，除非执法、应急响应及军事应用等特别行动的需要，联邦车队应当尽量避免大型轿车的使用。当时预计到 2015 年时，美国联邦政府的所有新轻型车辆必须全部使用低能耗的燃料，包括混合动力、电动、天然气及生物燃料等。

（四）实施政府 IT 采购的改革

2014 年 7 月美国颁布了《联邦信息技术采购改革法案》（*Reforming Federal Procurement of Information Technology Act*，RFP - IT Act），加大了联邦政府 860 亿美元 IT 支出的透明度和对采购的监督力度，大量降低小企业、科技创新型企业竞争联邦政府 IT 类采购合同"门槛"。该法案要求在美国行政管理与预算办公室（OMB）下设一个全新的、高级别的、专门对联邦政府 IT 采购政策进行指导并对优先级 IT 采购项目进行评审的机构。RFP - IT 法案致力于以下两点：

第一，通过使用简化流程，进一步扩大中小企业与科技创新型企业入围联邦 IT 政府采购合同的数量，从而达到加强联邦政府 IT 政府采购合同竞争力的目的。联邦政府的这一做法会缩短合同交易时间，降低行政成本，并能够为联邦政府 IT 政府采购合同建立一个庞大的供应商资源团队。

第二，通过建立一个全新的、高水平的数字政府办公室，达到协调联邦政府 IT 采购政策与解决优先项目或高风险项目之间所引发的一系列问题。同时，联邦政府鼓励广大科技创新型中小企业积极参与到联邦政府 IT 采购合同中来，在 IT 采购中发挥其应有的作用。

第六章

国际政府采购规则最新趋势对我国的主要启示

第一节 联合国《公共采购示范法》修订对我国的启示

一、利用政府采购制度实现公共政策功能

《公共采购示范法》第一章第 20 条新增了"否决异常低价提交书",即如果提交书的出价相对于采购标的异常偏低,引起了采购实体对供应商或承包商履约能力的怀疑,采购实体在满足一定条件下可以否决该提交书。此条的增加对招投标也是新的挑战,此前绝大部分招标的评审是以价格作为唯一的标准,价格越低的供应商或承包商被视作越符合要求的,此种标准忽略了招投标提供优质公共产品的职能,而仅仅把招投标作为节省财政资金的手段。

二、重视政府采购制度的透明度建设

公开透明要体现在政府采购的全过程中,从前端的需求信息的发布到整个采购过程,到采购过程的完成以及合同的履行。

三、利用电子化采购提高采购效率

大力推广电子化采购方式，特别是对于采购标的容易描述的采购，可通过电子逆向拍卖更大程度地节约成本。

四、建立甄别和否决"异常低价"的机制

要赋予采购实体判断"异常低价"的权利，当确定供应商因价格过低有可能不能履行合同后，可否决供应商或者承包商的投标，这种否决决定以及相应的理由最好能够公开。

第二节　WTO《政府采购协议》
修订对我国的启示

一、政府采购制度要有助于实现社会政策目标

无论是《政府采购协议》新版本新增了防腐败的要求还是其对发展中国家提供的过渡政策，均表明可利用采购促进社会政策目标的实现。

二、推动电子采购技术的发展

电子采购已经成为全球公共采购的趋势，作为旨在提高采购效率的电子采购的推广必将推动政府采购制度乃至公共采购制度的更快发展。

三、防止投标人"异常低价"投标风险

"异常低价"投标使采购人面临很大的供应商违约风险，因此，

应给予高度重视，并在未来的政府采购制度设计中，给予采购人充分的审核以及否决"异常低价"投标的权利。

第三节　欧盟"公共采购指令"体系修订对我国的启示

纵观欧盟公共指令体系的变化趋势以及各国的应对，其新一轮的变化主要围绕高效、透明、灵活以及社会可持续发展做文章，对我国政府采购制度发展至少有以下几点启示：

一、重视政府采购制度中的政策功能的实现

政府采购制度建设中要重视社会责任的履行，包括遵守相关环境、社会或者劳动法律以及集体劳动合同所提及的义务以及反对贪污腐败，还要通过与企业建立创新伙伴关系来促进自主创新，要利用公共采购制度中标段的拆分、合同分包等来促进中小企业的发展。这是政府采购制度设计时必须考虑的问题。

二、将采购规则向前延伸到采购准备阶段

通过建立采购前的市场咨询制度以及允许潜在投标人在采购准备阶段向采购人提供建议等机制，增加采购文件编制的科学性、提高采购的成功率和采购结果的适用性。

三、提高政府采购的透明度

公开透明是政府采购的生命线，是政府采购制度建设的重中之重，通过设立动态"实现信息公告"、增加分包信息公开等方式推动政府采购制度的透明化。

四、兼顾政府采购规则的刚性和灵活性

政府采购规则的刚性表在其设定上要规范，要能够最大化促进公平竞争，但同时，在面对多样的采购情形下，过于刚性的采购规则会偏离采购设定的目标，因此要赋予一定的采购灵活性，如适当增加采购人的权利。

五、增加采购人的裁量权

政府采购的目的是满足招标人的需要，因此，在公开透明的背景下，适当增加采购人的裁量权，确保采购结果及时、真实满足招标人的需要，是十分必要的。在欧盟公共指令中，采购人不但可以越过资格预审直接审查标书，可以调整投标截止时间，甚至还可以在合同履行期间具有修订合同的权利。

六、重视电子化采购手段的发展

政府采购电子化，特别是其中的招投标电子化发展趋势，能够缩短采购周期，降低采购成本，促进政府采购效率的大幅提高。

七、推进政府采购制度的标准化建设

除了采购文件标准化外，也要配合电子采购的发展，做好相应的标准化工作，如资格审查、电子认证、招投标程序等。其中，英国推行的"标准选拔问卷"十分值得借鉴。

八、树立"经济最有利标"制度目标

政府采购（特别是其中的招投标采购）不能简单地以价格作为

唯一标准，欧盟此次修订规则时甚至考虑是不是要废除最低中标价法，虽然最终没有废除，但其态度表明，以价格作为唯一取舍标准显然不可取，特别是，要关注招投标采购中的全生命周期成本效益以及"异常低价"等现象，要设立相应的甄别机制。

九、规制招投标中的分包机制

如果采购方允许采购合同分包，那么就应该在招标文件中注明"是否可分包""如何分包"，相应的，供应商的投标文件中也应对如何分包、分包商的具体信息进行详细说明，从而通过招投标程序确保分包能够维护采购人的利益。

十、对特许经营进行单独规制

特许经营虽然是公共采购的一种方式，但由于其特征与其他工程或者服务采购明显不同，所以不能完全适应用一般的招标采购规则，需单独设立规则。

第四节　世界银行"采购规则"
修订对我国的启示

一、重视政府采购制度中政策功能的实现

可持续公共采购是各国普遍用于推动低碳经济模式发展、促进低碳社会形成的重要途径。世界银行在新框架中也制定了专门的附件用以规定可持续采购。世界银行的采购规定允许在以下几个阶段，可以考虑应用可持续采购：a. 资格预审/初次选择的公司；b. 功能和详细的技术规格；c. 评标标准；d. 合同条款和条件；e. 合同履行监控。但同时世界银行也要求可持续采购的标准应基于证据（数据支持），

并基于从行业利益相关者、民间社会和国际发展机构收集的现有的社会标签标准，生态标签标准。也就是说，可持续采购可以按照一定可衡量的标准应用于不同的采购程序。由此借鉴，我国可根据采购的必要步骤予以考虑：

一是编制公共采购预算时划定必要的需首先执行的可持续采购预算，以实现对公共采购的"源头控制"。

二是在编制采购文件时提出功能、技术、资源等具体要求，要求符合可持续规定的供应商参与投标。

三是供应商资格审查时对于那些社会业绩突出但盈利能力有限的企业予以适当优待，确保其资格审查可以入围。

四是评标环节鼓励多因素综合评标方法替代价格定标，将公共采购的社会和环境保护责任作为基本要求加以考虑。

五是在合同签订过程中，应与中标供应商协调，就包装、运输和产品废气处理等方面提出可持续要求。在交付后，应邀请环保组织等第三方机构对整体采购过程、可持续产品使用状况、废弃处置等情况予以评估，并将结果予以公示。

除了政府采购制度规定要细化之外，各类采购文件也应该予以统一和规范。例如，世界银行的标准采购文件就给出了统一的格式和操作方法，我国也可予以借鉴，统一各级各类采购文件的格式类型，给出具体的操作步骤和操作方法，提前说明需准备的文件资料，提高行政效率和审查效率，避免由于操作上的失误而多次重复劳动。

二、完善采购全过程评估机制，倡导"物有所值"

对于采购全过程的衡量要以"物有所值"为原则。"物有所值"不一定是最低经济成本，而是政府考虑所有成本后能获得的最大收益。欧盟于 2014 年 1 月通过的新公共采购指令，以及世界贸易组织2014 年 4 月份生效的最新版《政府采购协议》（GPA），都在其条款中提及"物有所值"目标，世界银行更是将其作为根本原则。通常意义上的"物有所值"是采购对象全寿命周期成本、效益、风险和质量（与目标的吻合度）的最优组合。要实现这一目标，有如下几点途径：

一是公布明确科学的采购需求标准。需求标准作为确定供应商的"门槛"，能够激发其创新动力，又可以充分利用预算下的财政资金，满足经济性、效率性、有效性的要求。

二是制订最佳采购计划。世界银行专门为此颁发了项目采购发展战略的操作性指南，目的就是帮助政府及供应商立足于"物有所值"的层面制订最佳采购计划。世界银行还新增了对租赁、采购二手商品等规定，满足政府在不同项目下的采购选择。

三是设计透明、竞争的采购程序。竞争性主要通过招标采购程序得以实现。由于公共采购制度目标的多维性，针对具体采购项目，采购方（或者评标专家）需要在不同的"物有所值"要素之间做出权衡甚至取舍。这一切过程必须借助于公开透明的程序，才能使公众理解采购方的决策行为。

四是引入对采购结果的第三方评估。独立、专业化的第三方评估，能够对公共采购做出"独立、客观、公正"的评判，以帮助公共采购监督管理部门和社会公众识别采购项目是否"物有所值"。例如，可以借助国家审计署对公共资金进行事后审计；借助环境保护局对项目的绿色程度进行测评等。

三、增加采购人的采购裁量权

如果政府采购中采购人没有任何裁量权，特别是在公开招标采购方式中，很容易出现其被动接受评标委员会的评标结果，使得招标不能满足招标人的需要，甚至给招标人带来风险，因此，在政府采购制度中，在保证公开透明的前提下，给予采购人一定的裁量权是必要的，如果采购人认为投标人的投标是不合适的，可以采取增加保证金数额、要求投标人给予解释甚至拒绝接受投标等来使风险最小化。

四、推进政府采购制度的透明化建设

透明化是世界银行在近几年的修订一直致力于改进的一个领域，此次新框架再次重申了这一点。推进政府采购制度透明化，一是要从横向扩大公开的范围；二是要从纵向增加公开的内容。

要强化合同授予前、合同授予及合同履行的全过程监督；要强化对采购人、采购机构及供应商等不同采购当事人的全方位监督。从招标公告到投标、开标、评标、中标及合同授予这一系列采购活动，每一过程的信息都要求及时公布并予以公示。世界银行在此方面做了很多改进，例如，对于开标通知、评标结果、合同授予意愿通知的发放、缓冲期的规定、缓冲期期间出现质疑或投诉的处理、合同授予的通知等做了细致的规范。我国也可借鉴合同授予意愿通知这一步，加强双方的互动，保证所有投标企业的知情权。

五、采购流程更加科学化和精细化

世界银行的新采购框架对于各类不同情形的定义或各种除外情况的表述更加条理清晰，不以冗长的段落叙述，而是以简短分条叙述的方式予以规定。例如，对于采购方法的选择，可以根据当次采购的性质和所处市场现状，按表格清楚地予以对应，不容易再出现随意使用采购方法的情形。又如，对国内优惠进行量化规定，防止优惠力度的滥用，既增强了国际市场的公平与透明度，又对国内企业有了更强的制度保障。再如，可对错误采购的情形或不合格主体的认定作具体限定，一方面方便事前审查；另一方面，避免制度层面的灰色地带。

六、政府采购规则要兼顾采购刚性和灵活性

世界银行新框架在规范招标采购的同时，也照顾到采购的灵活性。从而使得采购规则"刚柔并济"。这实际上与其倡导的"物有所

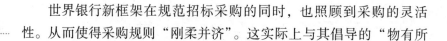

值"原则是一致的。政府采购规则如果过于刚性，很容易走向只以价格论成败的取向。

七、推进政府采购制度的标准化建设

标准化建设是提高采购效率、推进采购透明化的重要手段，这一方面，世界银行也在极力推动。在标准化建设方面，首当其冲的是要制定标准化的采购文件，其次要推进采购程序的标准化建设。

八、发展电子化采购

电子采购必定是大数据时代的发展趋势，世界银行开始采用采购信息交换情况系统跟踪。从框架上说，首先需要一个共享便捷的办公自动化系统；再者电子支付系统和电子招标系统要做好技术支持，进而建立一个可以即时记录谈判过程的采购方与供应方之间的"双方互动系统"；最后，要建立实时更新的政府电子采购网站提供充分的采购信息。

九、将采购程序管理延伸至合同管理

合同管理关系到政府采购的最终目的，以往采购中通常重心放在如何选择最好的供应商，但是否真正能够满足采购人的需要，在于合同管理。世界银行新框架高度重视合同管理，一方面，世界银行更多地参与到高风险高价值的合同管理以确保实现最佳结果；另一方面，新增了缓冲期的规定，对解决采购相关投诉的能力有了明显的保证，能够及时应对合同授予过程中的任何问题。并且，世界银行要求，对于采购相关的投诉的处理应及时、透明，这也表明了世界银行监管从采购过程延伸到结果管理。政府采购制度是一个完整的制度体系，未来的设计中也要加强合同管理。

第五节　各国近年来政府采购改革对我国的启示

纵观各国近年来政府采购或者政府采购改革的趋势，虽然改革路径不尽一致，但在某些方面呈现出与国际政府采购规则变动的一致性，这也不难理解，国际政府采购规则是各国采购规则实践经验的总结，反过来，又引领了各国改革。

各国政府采购改革各有特色，又不失共性特点：

一、重视政府采购对可持续发展的引领作用

如欧盟成员国中的英国、意大利和法国近几年的改革都在很大程度上响应了欧盟倡导的创新伙伴关系、对中小企业的扶持，加拿大、美国的采购也都在利用政府采购推动环境保护及其他政策功能的实现。

二、"物有所值"政府采购目标已经形成各国共识

各国改革中都传递出以"物有所值"作为政府采购制度目标的思路。特别是，不能单纯以价格作为评标的唯一标准，而要充分考虑价格、质量、服务、技术规格、产品生命周期以及政府采购社会政策目标的实现等各种因素。

三、电子化采购成为各国改革的共同趋势

有的国家电子化采购要先行一步，比如加拿大，但大多数国家仍然在进行电子化改革，特别是欧盟国家，由于欧盟的公共指令给各国电子化改革设定了明确的时间表，因此都在推进这一改革。

四、标准化改革正在逐步推进

政府采购"标准化"是推向规范采购、效率采购的关键，因此，"标准化"改革是近年来各国政府采购制度改革的重点之一，如英国、意大利采纳欧洲统一采购文件，英国还创新性地推出资格审查的标准选拔问卷（SQ），其他国家也纷纷在政府采购程序标准化上做文章，如日本对串通招标投标的处理程序、罚款标准的设定、美国对3D设备的采购等。

第六节　国际政府采购规则及各国改革变化的总规律

近年来国际政府采购规则的变化凸显的特点是重视政府采购制度的顶层设计，将政府采购至于可持续发展框架下，以"物有所值"作为制度目标，将采购程序向前后两段延伸，在保证采购程序透明性、规范性的同时赋予其一定的灵活性，采购手段上引入电子化和标准化，从而使采购效率更高。

一、采购理念：可持续发展

谋求可持续发展成为全球政府采购政策的最新转向，从而使政府采购制度有更大的政策功能的发挥空间，在保护环境、促进中小企业发展、履行社会责任、防止腐败等方面有所作为。

一是要将可持续发展理念予以政府采购全过程中。从采购需求的描述，到资格审查，到评价标准，到合同的履行都要贯彻这一理念。如果供应商、甚或分包供应商未能贯彻这样的理念，采购方有权拒绝其作为合格供应商。

二是要通过与企业建立创新伙伴关系来促进自主创新。即将政府采购延伸到企业自主创新的研发阶段，通过政府采购引导企业在"货物""工程"或"服务"的概念提出以及付诸生产阶段能够重视自主创新。

三是要利用政府采购制度中标段的拆分、合同分包等来促进中小企业的发展。

四是要通过科学、透明规范的政府采购内控、流程等制度设计来打击腐败。

二、制度目标：物有所值

实现"物有所值"应成为政府采购的制度目标，这要求在制度设计的时候要体现全生命周期成本，特别是不能仅仅关注投标价格，择优标准应选择"经济最有利标"。世界银行对"最有利投标"的规定，值得我们借鉴，对"货物、工程和非咨询服务"而言，当使用等级标准时，最有利投标为满足资质要求且符合采购文件要求的最高等级的投标或者提案；当没有等级标准可参考时，最有利投标为满足资质要求且符合采购文件要求的最低评估成本的投标或者提案。对"咨询服务"而言，最有利提案即为"最佳评估提案"。

值得一提的是，此次国际规则修订都无一例外地规制了"异常低价投标"现象，这既说明"异常低价"是一个全球普遍现象，更是在"物有所值"目标下重新审视政府采购制度的必然结果。

三、采购链条：向需求和结果延伸

全球政府采购也经历了一个由程序管理向系统采购管理的变化过程。近年来政府采购的链条管理已不仅仅是限于采购环节本身，向前，延伸到采购需求管理，向后，延伸到合同管理。

一是提前发布未来可能的招标采购信息。不是像传统采购中在每个招标项目开始前才发布采购信息，而是通过一揽子"事先信息公告"等形式，让信息公开大幅度提前，给供应商预留足够的应标时间，有助于政府采购活动的规划性。

二是实行采购需求的开放性征集。在采购需求的形成环节，广泛征求专家或者供应商的意见，完善招标文件的编写，使其更加专业化，降低招标失败风险。

三是将分包要求前置到采购文件之中。采购人可以明确要求投标人表明分包意向，相应的，投标人在其投标书中明确其可能打算向第三方分包的任何份额，或者任何建议的分包商等。

四是重视合同管理。首先是采购实体要参与合同监管，其次是要设立科学的监督结果反馈处理机制。特别是随着招标采购对象以及合同内容越来越复杂，对合同的管理尤为重要。

四、采购程序：规范性与灵活性并举

从采购程序上看，新一轮政府采购规则一如既往地重视规范性建设，但同时也增加了很多灵活性，让招投标机制"刚柔并济"。而且，灵活性在很大程度上体现了对采购人的赋权。

一是采购程序的规范性主要表现在采购程序更加公开透明。程序的公开透明开始延伸到采购程序的细节，比如对招投标中的分包，要求对分包商的信息要进行公开，再比如，当拒绝供应商投标时，拒绝的程序和理由都要公开；公开透明的时限要求更加严格，不少规则条文都要求在采购程序发生后及时将信息公布于众。

二是规范对政府采购制度的监管。日本近年来对招投标制度中串通投标的规制程序值得我们借鉴。

三是增加采购人的裁量权。但这种裁量权要以完全的公告或信息公开为前提。如欧盟规定，如果供应商提供的信息或文件不完整或者错误的，或者表面上是不完整或错误的；或者丢失了具体的文件，采购实体可以要求供应商在适当期限内提交、补充、澄清或者完善相关信息和文件，只要这些要求完全遵守了平等对待原则和透明度原则。欧盟公共指令还授予采购人根据采购需要调整投标截止时间，以及在合同履行期间"修订合同"的裁量权。对"异常低价"的审查和否决也是新一轮采购规则中采购程序灵活性的一个体现。

五、采购手段：电子化和标准化

此轮国际政府采购规则在采购手段上都增加了电子化采购的分量，与之相匹配的标准化建设也在跟进。这是提高采购效率的重要举措。

电子化包括电子化系统建设、电子反拍卖采购方式的引用、电子化信息发布、投标书电子目录等。采购标准化则主要包括采购文件的标准化和采购程序的标准化。欧洲统一文件、英国的标准选拔问卷都值得我们借鉴。

参考文献

［1］联合国《贸易法委员会公共采购示范法》（UNCITRAL Model Law on Public Procurement），http：//www. uncitral. org/uncitral/en/publications/publications. html.

［2］WTO《政府采购协议》（Government Procurement Agreement，GPA），https：//www. wto. org/english/tratop_e/gproc_e/gp_gpa_e. htm.

［3］欧盟公共采购指令体系：指令2014/23/EC《2014特许经营指令》（Directive 2014/23/EU of the European Parliament and of the Council of 26 February 2014 on the award of concession contracts）.

［4］欧盟公共采购指令体系：指令2014/24/EC《2014公共部门采购指令》（Directive 2014/24/EU of the European Parliament and of the Council of 26 February 2014 on public procurement and repealing directive 2004/18/EC）.

［5］欧盟公共采购指令体系：指令2014/25/EC《2014公用事业采购指令》（Directive 2014/25/EU of the European Parliament and of the Council of 26 February 2014 on Procurement by entities operating in the water，energy，transport and postal services sectors and repealing Directives 2004/17/EC），http：//eur-lex. europa. eu/legal-content/EN/TXT/？uri = OJ：L：2014：094：TOC.

［6］世界银行《项目新采购框架和规章》（New Procurement Framework and Regulations for Projects），http：//www. worldbank. org/en/projects-operations/products-and-services/brief/procurement-new-framework.

［7］英国2015年《公共采购法规》（The Public Contracts Regulations 2015（SI 2015/102）（PCR 2015），https：//www. gov. uk/government/publications/procurement-policy-note-0215-public-contracts-regulations-2015.

[8] 日本公正交易委员会事务总局 2016 年 10 月通过《防止串标商议——反垄断法与串通招标投标等相关行为防止法》(《入札談合の防止に向けて～独占禁止法と入札談合等関与行為防止法～》),http：//www. jftc. go. jp/dk/kansei/.

[9] 日本总务省 2014 年 12 月通过《关于政府信息系统的完善和管理的标准方针》(《政府情報システムの整備及び管理に関する標準ガイドライン》),http：//www. soumu. go. jp/main_sosiki/gyoukan/kanri/infosystem-guide. html.

[10] 日本采购相关省厅 2013 年 6 月通过《信息系统的采购和综合评价得标方式的标准指南》(《情報システムの調達に係る総合評価落札方式の標準ガイドライン》),http：//www. e-gov. go. jp/doc/improve/.

[11] 日本内阁府 2014 年 3 月通过《电子采购系统使用章程》(《電子調達システム利用規約》),http：//www. cao. go. jp/chotatsu/seifuchotatsu/seifuchotatsusys. html.

[12] 方虹. 政府采购制度在美国 [J]. 交通企业管理,2001 (11)：19.

[13] The National Institute of Standards and Technology (NIST)：《美国政府云计算技术路线图》(US Government Cloud Computing Technology Roadmap),https：//www. nist. gov/news-events/news/2014/10/nists-cloud-computing-roadmap-details-research-requirements-and-action.

[14] 美国 2014 年 7 月颁布《联邦信息技术采购改革法案》(Reforming Federal Procurement of Information Technology Act,RFP-IT Act),https：//www. congress. gov/bill/113th-congress/house-bill/1232.